基本のキ・ホン

やさしい・かんたん

BUSINESS DOCUMENTS

ビジネス文書

編｜日本能率協会マネジメントセンター

はじめに

　社会人になると、社内で共有するためのさまざまな文書や、社外とのやり取りで必須となる文書を作成する機会があります。現代では、チャットなども主流になり簡単に連絡できる手段が増えていますが、ビジネス文書でしか対応ができない事案もまだまだたくさんあるのです。

　ビジネス文書のなかでも、社外に向けた文書は形式やマナーが特に大切になってきます。イレギュラーな事態に接したとき、文書の作成に手間取り作業が遅れてしまったり、マナー違反をしてしまい取引先との関係性が悪化したりしないよう、本書を読んでビジネス文書の基本を学び、日々の業務に活かしてもらえたら幸いです。

基本のキホン

やさしい・かんたん ビジネス文書

第1章

まずは知ろう！

ビジネス文書の基本

第 4 章

実例から学ぶ①

用途別の社内文書

第 5 章

実例から学ぶ②

業務に関する社外文書

第6章

実例から学ぶ③

社交に関する社外文書

\ まずは知ろう！ /

ビジネス文書の基本

ビジネス文書といっても、ピンとこない人もいるかと思います。しかし、業務を進めていくうえでビジネス文書はとても大切なものです。今はなくても、いずれ自分で文書を作成しなければならない日が必ず来ます。そのときに困らないようここで基礎を学んでおきましょう。

ビジネス文書の役割

● 書面で正確に伝えることが大切

　ビジネス文書の役割は大きく**「情報伝達」**と**「エビデンス（証拠）」**の2つがあります。書面やFAX、メールなどで必要な情報を的確に伝えることで、効率よく作業を進められるのが情報伝達。そして、口頭ではなく、文書にして記録として残すことで誤解や伝達ミスといったトラブルを防ぐのがエビデンス（証拠）になります。

● 簡潔な社内文書で効率的に

　扱う内容によってビジネス文書は、「社内文書」と「社外文書」にわけられます。社内文書は、業務を円滑に進めるために会社から社員へ、または社員同士で交わすもの。いわば身内向けの文書なので、改まった時候の挨拶を入れる必要はなく、**敬語などのマナーも最小限に留め、適切でわかりやすい内容を効率優先で伝えるよう心がけます。**

● 受信側に配慮して礼儀正しく

　一方、社外文書とは取引先や得意先、顧客に向けた文書のことをいいます。業務遂行に必要な注文書や契約書などの「業務文書」と、儀礼的な役割をもつ礼状や招待状、お悔やみ状といった「社交文書」があります。いずれも会社名を冠して送る文書なので、受け取る側は会社の判断・意見だと見なすと心得ましょう。そのため、**先方への礼儀・マナーを重視することが大切**。礼儀正しい文書であるとともに、読みやすく、わかりやすい内容・形式になるよう配慮します。

社内文書

連絡文書	社内で共有しておきたいこと（案内や回覧、通知など）、必要な事項を簡潔にまとめる文書
報告文書	日報や月報など、業務における報告を文書にまとめたもの。ミスをしたときや、研修に参加したときにも報告書を用いて共有する
提案文書	提案書や企画書など、社内で提案したい事項などをまとめた文書
届出文書	休暇や退職、欠勤や早退なども届出文書が必要

社内文書では、最低限のマナーと誰にでも伝わる簡潔さと的確さが求められる

社外文書

	業務文書	社外文書のなかでも特に重要。会社間の直接的な取引になるので、期限を守りミスなく先方に届けることが大切になってくる
儀礼文書 ともいう	社交文書	会社同士の挨拶や知らせなどをまとめて社交文書という。こうした文書にも対応することで、取引先との良好な関係を保つことができる
	その他	契約書など、法律が絡んでくる文書もある

社外文書では、社内で共有する文書よりも礼儀やマナーが重要視される。また、正確さや簡潔さのなかに礼儀を求められるので、基本的なことだけでも覚えておくとよい

Point

☑ ビジネス文書の役割は情報伝達とエビデンス
☑ 社内文書は効率優先で敬語などは最小限
☑ 社外文書は相手への礼儀・マナーが重要

社外文書の基本構成

● 書式に則った文章にする

　社外文書には「**です・ます調**」を使い、構成は上から文書番号・発信日・受信者名・発信者名・本文となります。基本的に受信者名は「会社・団体名＋役職名＋氏名」に敬称を付け、会社名は正式名称にし、氏名もフルネームで記しましょう。発信者は「会社・団体名＋役職名＋氏名」で、住所・電話番号・メールアドレスも適宜書き添えます。

● 頭語と結語はセットで使う

　本文には、頭語・時候の挨拶などの前文・主文・末文・結語が入ります。「頭語」と「結語」は相手先や用件に合わせて適切に選び、拝啓・敬具のように組み合わせて使用。**頭語の位置は1字空きはなしの行頭で、頭語のあとに1字空きを入れて時候の挨拶を続けます**。結語は文章の最後の行で改行し、文末の位置に。句点は必要ありません。

● かしこまった漢語表現を使用

　頭語の次には、時候の挨拶や繁栄を祝う言葉、感謝の言葉を記します。時候の挨拶は季節ごとの言い回しがあり、社外文書では「陽春の候」などの漢語調の表現が一般的。「春爛漫の季節を迎え」といったソフトな表現も相手や用件次第で使う場合があるので、覚えておくと便利です。**上旬・中旬・下旬でふさわしいとされる時候の挨拶が異なるので注意**しましょう。また、季節を問わない「時下（＝このごろ）」を用いて「時下ますますご清栄のことと……」と使うこともあります。

セットで覚えたい頭語と結語

	頭語	結語
一般的	拝啓	敬具
	拝呈	拝具
改まった文書	謹啓	敬白
	粛呈	再拝
緊急	急啓	草々
	急迫	
返信	拝復	敬具
略式	前略	草々
お悔やみ		合掌または敬具

> 草々……「取り急ぎ書きました」、「粗略な文章で申し訳ない」といった意味を含む

> お悔やみ状では、頭語を省略する

時候の挨拶

〈一例〉

1月	新春の候	新年の挨拶で用いられるため、1月7日〜15日までに使う
	初春の候	「春がはじまる」といった意味。新年の挨拶とわけて使う
	寒冷の候	12月全般から1月に使える。中旬までは新年の挨拶が適用されることが多いため、1月下旬に用いるのがよい
4月	陽春の候	3月下旬から4月全般まで使える
	春爛漫の候	「春の花が咲いた」様子を表す挨拶なので、春の花が咲いたころに使うのがよい。地方によって合わせることができる
	惜春の候	春を惜しむ意味を持つので、4月下旬に使う

※詳しくは156〜157ページで紹介

Point
- ☑「です・ます調」で丁寧な言い回しに
- ☑ 頭語と結語は相手や用件に合うものを選択
- ☑「時下」は季節に関係なく1年中使用可能

● 前文と主文はわける

　時候の挨拶や、感謝の言葉、祝いの言葉などの前文を書いたら、段落を変えて本題となる主文を書き出します。

　このとき、「さて、」とはじめるのが通例ですが、**これがよしとされているのは自分側から発信するとき**です。相手からのクレームや質問に対する謝罪や回答時には避けるようにしましょう。

● 主文が長くなりそうなときはさらに段落をわける

　社外文書も、社内文書と同様に簡潔に作成することが求められています。必要事項を記入していたら長くて読みにくい文章になってしまったというときは、**段落を変えて「なお、」と補足のようなイメージで文を足していきましょう。**

● 別記も有効活用しよう

　お知らせや案内として社外に出す文書などでよく使われる「記」。これは、「別記」といって主文をさらに詳しく補足するためのものになります。

　イベントの案内であれば、別記に日時、時間、場所、問い合わせ先などを記入します。主文でこれらの詳細な情報に触れてしまうと、情報量が多すぎて読みづらくなってしまいます。そのため、**別記として目立たせたい情報は簡潔にまとめる**とよいでしょう。

社外文書の基本形式

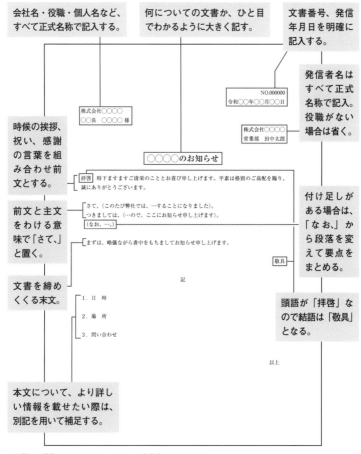

会社名・役職・個人名など、すべて正式名称で記入する。

何についての文書か、ひと目でわかるように大きく記す。

文書番号、発信年月日を明確に記入する。

発信者名はすべて正式名称で記入。役職がない場合は省く。

時候の挨拶、祝い、感謝の言葉を組み合わせ前文とする。

前文と主文をわける意味で「さて、」と置く。

文書を締めくくる末文。

本文について、より詳しい情報を載せたい際は、別記を用いて補足する。

付け足しがある場合は、「なお、」から段落を変えて要点をまとめる。

頭語が「拝啓」なので結語は「敬具」となる。

```
                                              NO.000000
                                       令和○○年○○月○○日

株式会社○○○○                        株式会社○○○○
○○長　○○○○　様                     営業部　田中太郎

                ○○○○のお知らせ

拝啓　時下ますますご清栄のこととお喜び申し上げます。平素は格別のご高配を賜り、
誠にありがとうございます。

さて、(このたび弊社では、…することになりました)。
つきましては、(…ので、ここにお知らせ申し上げます)。
(なお、…。)

まずは、略儀ながら書中をもちましてお知らせ申し上げます。

                                                        敬具

                         記

              1. 日　時
              2. 場　所
              3. 問い合わせ

                                                        以上
```

※祝いの言葉については 18 〜 19 ページを参考にしてみよう

Point
- ☑ 主文の書き出しは「さて、」が一般的
- ☑ 主文をさらに段落わけするときは「なお、」で補足
- ☑ 目立たせたい情報は「別記」に記入

社内文書の基本構成

● 敬語は必要最低限でOK

　本文は、社内文書と社外文書の構成要素で大きく異なる点。社外向けでは前文・主文・末文・結語などを記しますが、**社内文書では儀礼的な内容は入れずに主文のみを簡潔に**。上司やCEO宛の文書でも、使用する敬語は「です・ます調」の丁寧語に留め、伝えるべきことを読みやすい文章でまとめるようにしましょう。

● 敬称は受取人によって使いわける

　社内文書には、上から文書番号・発信日・宛名・発信者名などが入ります。文書番号や発信日の体裁は、社内（あるいは部内）ルールに従って統一しましょう。**発信日は文書を作成した日ではなく、発信する日を記入**。宛名の敬称は受信者が複数なら「各位」、営業部といった組織なら「御中」、個人なら「様」・「殿」を使用するのが一般的です。

● 別記や追記の活用は社内文書でも

　本文は、業務を円滑に行うために用件を伝えるものなので、時候の挨拶などは省略して最初から具体的な内容を記します。単純な用件であれば、本文のみで終わる場合もありますが、別記や追記を入れる場合も。**別記には日程・場所などを告知**したり、重要ポイントを箇条書きにしたりすることで情報の伝えモレや見落とし防止につながります。追記には、**実務担当者の名前・内線・メールアドレスなどの連絡先**を記入しておくとより丁寧でしょう。

社内文書の基本形式

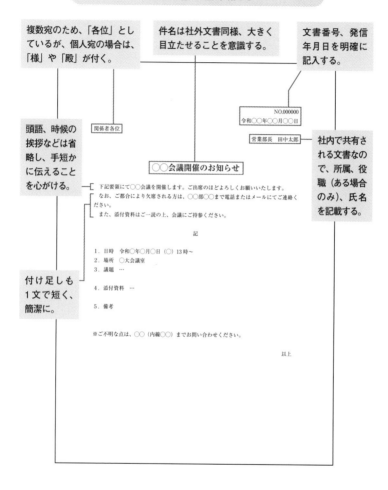

複数宛のため、「各位」としているが、個人宛の場合は、「様」や「殿」が付く。

件名は社外文書同様、大きく目立たせることを意識する。

文書番号、発信年月日を明確に記入する。

頭語、時候の挨拶などは省略し、手短かに伝えることを心がける。

社内で共有される文書なので、所属、役職（ある場合のみ）、氏名を記載する。

付け足しも1文で短く、簡潔に。

NO.000000
令和○○年○○月○○日

営業部長　田中太郎

○○会議開催のお知らせ

下記要領にて○○会議を開催します。ご出席のほどよろしくお願いいたします。
なお、ご都合により欠席される方は、○○部○○まで電話またはメールにてご連絡ください。
また、添付資料はご一読の上、会議にご持参ください。

記

1．日時　令和○年○月○日（○）13時～
2．場所　○大会議室
3．議題　…

4．添付資料　…

5．備考

※ご不明な点は、○○（内線○○）までお問い合わせください。

以上

Point

☑ **丁寧語のみ**で尊敬語や謙譲語は不要
☑ 文書番号などの書式は**社内の規定**に従う
☑ 重要な内容は別記に**箇条書き**で記す

文書作成に困らない！
覚えておきたいコツと定型文

●「定型文」でそつなくこなす

社外文書ではマナーが重視されるため、用件に入る前の「前文」には時候の挨拶や、繁栄を祝う言葉、感謝の言葉などを盛り込むことが必要です。ゼロから作成するのは骨が折れますが、こういった挨拶文には、決まった言い回しの「定型文」があります。**そのなかから季節や相手に合う適切な表現を選択し、文書を作成すれば問題ありません。**

祝いの言葉と定型文のポイント

会社 貴社におかれましては益々ご清栄のこととお慶び申し上げます。

- or　御社／貴店　貴校 など
- or　ご隆盛／ご繁栄／ご発展 など
- or　何よりと存じます　など

個人 ○○様におかれましては益々ご清祥のこととお慶び申し上げます。

- or　貴殿 など
- or　ご健勝／ご活躍　など
- or　何よりと存じます　など

「ご清栄」は商売の繁栄を喜ぶ言葉なので会社宛、「ご清祥」には商売の繁栄を意味する言葉は含まれていないので、個人宛と覚えよう！

● 感謝の挨拶は相手により省略も可

時候の挨拶は使う時期が決まっているので、マッチしたものを選ぶ

ことが重要です。**感謝の挨拶では、よく知る相手の場合は定型文では形式的すぎる印象になる場合も。**もし感謝する内容がないなら、感謝の挨拶は省いても構いません。しかし、自分の言葉で感謝の意を伝えることで、ほかとは一線を画すビジネス文書となる可能性もあります。

● よりよいビジネス文書にするには？

伝わりやすい内容にするコツは、まず1文は短く、30〜50字ほどにまとめること。読み手が内容を把握しやすいように、最初に結論を書くこともポイントです。また、複数の内容を伝えるには、箇条書きの活用も有効となります。さらに、**「5W3H（When・Where・Who・What・Why＋How・How much・How many）」を念頭に文書を作成**しましょう。おなじみの5W1Hに「いくらで（価格）」と「どのくらい（数値）」が追加され、ビジネスシーンで登場することが多い、必要な情報を網羅することができます。

末文の定型文とポイント

取り急ぎ	書面にて	お知らせ	申し上げます。
↑or	↑or	↑or	↑or
まずは／略儀ながら など	書中をもちまして など	ご通知／ご案内／お見舞い など	まで

 「お知らせ」の部分は、どんな文書を送ったかによって入る単語が変わる！

例：お礼の場合

取り急ぎ書面にてお礼申し上げます。

Point
- ☑ 挨拶文は「定型文」から最適な表現を選ぶ
- ☑ 親しい相手には自分の言葉で感謝を伝えて
- ☑ 5W3Hを念頭において書くべき内容を精査

印の役割と押し方

● ビジネスで主に使う印とは?

　最近はリモートワークやデジタル化から、脱印鑑や電子印鑑の利用が広がっています。とはいえ、日本では印による証明を必要とする場面が多く、社外文書・社内文書ともに印の押し方などのマナーを覚えておくことが必要。ビジネスで主に使用する印の種類は3つ。**「社印」「職印」「認印」で、適した箇所に正しく押すこと**が求められます。

● 社印と職印は社外文書で使用

　「社印」は、会社名・団体名で発信する社外文書で使用します。**文書の会社名のすぐ横に押すこと**。偽造防止の観点から、会社名の文字があえてかかる位置に押す場合もあります。「職印」は会社名＋役職名(部長・課長など)を入れた印で、責任の所在がその役職者にあることを明示するもの。一般的に、社印とともに社外文書で使われます。

● 認印は社内文書で出番が多い

　「認印」は、社内文書で使用頻度の多い個人名入りの印です。社内の回覧文を確認後、サインではなく認印を押すなどして使用。社外文書でも、個人による発信であれば認印を用います。認印は発信者名のすぐ横か、名前の最後の文字にかかる位置に。**印は曲げることなく、まっすぐに押すのが基本**です。一部が欠ける、不鮮明といった印影ではマナー違反なので、十分に気をつけましょう。また、文書を訂正・削除などの変更をするときは、2本線で消した上に訂正印を押します。

社印と職印

社印	主に会社名のすぐあとか、最後の1文字にかかるようにして押す ただしこれは、発信者名が社名だけだった場合のみ適用される

職印	基本的に社印と職印はセットで使われることが多い この場合、社印は会社名と役職名・氏名の間に押し、職印は氏名のあとに押す

例

〇〇株式会社

代表取締役　　〇〇〇〇

東京市千代田区　→　東京<del>市</del>千代田区
　　　　　　　　　　　　都
　　　　　　　　　　　1文字削除　(印)
　　　　　　　　　　　1文字追加

①訂正したい文字にのみ二重線を引き、その上に認印を捺印
②二重線の下に正しい文字を記入
③何文字削除し、何文字追加したのかも記したら近くにもう一度捺印して完了

Point
☑ 印の種類は社印・職印・認印の3つ
☑ 文字にかかる位置に押すことで偽造防止に
☑ 印は傾けずにまっすぐ、鮮明に押すこと

文書の内容に合わせた 発信方法を理解する

● 文書の発信方法は5つ

　ビジネス文書の発信には直接渡す、封書で送る、ハガキで送る、ＦＡＸ送信、電子メール送信という**5つの方法**があります。直接渡せば第三者の介入がないため、セキュリティ対策に。そのうえ、丁寧な対応だと印象づけられるので、特に重要書類の発信に使われます。手渡しは社内でも手軽に使われるなど、文書内容を問わない発信方法です。

● 届くまでの速さで方法を選ぶ

　封書は封をするため、ハガキやＦＡＸ送信と比べ、一定のセキュリティ対策になります。丁寧な発信方法だと印象づけることも可能。このため、目上の人宛、改まった内容、文書量が多い場合などに向いています。デメリットは届くまでのスピードが遅いこと。**急ぎなら、電子メールやＦＡＸ、直接渡すといった方法を使いましょう。**

● セキュリティ面も考慮して発信

　ハガキは、第三者に読まれても問題ない内容を発信するツールで、届くまでに時間がかかります。それに比べ、ＦＡＸはすぐ相手に送信できる点がメリット。しかし、セキュリティ面で不安があり、丁寧な印象にはつながらないため、重要書類や挨拶状などの形式的な内容には不向きです。そのため、**送る際は先方に一声かけることを心がけましょう。**同様に、電子メールは国内外、時間を問わずに素早く発信できますが、重要書類や形式的な文書には向きません。

文書に合わせた発信方法

文書	OK	NG
社内	・基本手渡しやメール ・在宅勤務社員宛などは封書やメール	特になし
社外 （取引文書）	基本封書（最近ではメールのやり取りも増えてきているが、これは会社のルールや取引先とのルールを守る）	特になし（会社によっては、FAXやメールがNGの場合がある）
社外 （緊急）	FAX、メール（先に電話で一報を入れるとなおよい）	封書（急ぎの案件なのに、届くのに日数を要してしまうから）
社外 （トラブル）	封書のみ	FAX、メール（誠意を持って対応しなければいけない文書でFAXやメールを用いるのは印象が悪い）
社外 （ちょっとした連絡事項）	メール（電話や、チャットでの連絡でもスムーズに対応できる）	特になし（ただし、打ち合わせ日時の確認などを封書でする必要はない）

Point

☑ 確実に渡したい**重要書類は手渡し**する
☑ 儀礼的な内容や**法的文書は封書**で送付
☑ **FAXやメール**は社交文書には不向き

敬語の種類

● 尊敬語と謙譲語だけではない

敬語の分類は**「尊敬語」「謙譲語（謙譲語Ⅰ）」「丁重語（謙譲語Ⅱ）」「丁寧語」「美化語」の5つ**。尊敬語は相手への敬意を表現する言葉。「くる」を「いらっしゃる」と言葉自体が変わるケースや、「お／ご」をつけて「利用する」が「ご利用になる」、「～（ら）れる」をつけて「参加する」が「参加される」などと表す場合もあります。

● 謙譲語と丁重語の異なる点

謙譲語は自らをへりくだることで、相手への敬意を表します。謙譲語には「言う」を「申し上げる」などと言葉を変更するほか、「お／ご～いただく／申し上げる」をつけて「ご指導いただく」といった表現も。**丁重語には敬う相手がいないという特徴があります**。「行く」は謙譲語では「うかがう」ですが、丁重語では「参る」となります。

● 敬語の重複に気をつける

丁寧語は丁寧に述べるときの言葉で、文末に「です」「ます」「ございます」を使います。美化語は「お／ご」をつけ、物事を美化する言葉です。これらの敬語を使う際、間違った使い方では失礼にあたります。たとえば、社外文書では上司でも社内の人には敬称は不要で謙譲語を使います。また、二重敬語にも要注意。**「お見えになられた」「頂戴させていただきます」は敬語が重複した**二重敬語に該当します。正しくは「お見えになった」「頂戴します」となります。

尊敬語と謙譲語

基本	尊敬語	謙譲語
会う	お会いになる／会われる	お目にかかる／お会いする
言う	おっしゃる／言われる	申し上げる／申す
行く	いらっしゃる／おいでになる	うかがう／参る
いる	いらっしゃる	おる
受ける	お受けになる／受けられる	拝受する／お受けになる
思う	お思いになる／思われる	存じる
聞く	お聞きになる／聞かれる	うかがう／お聞きする
来る	いらっしゃる／おいでになる／お見えになる	参る
知る	お知りになる／知られる	存じる／存じ上げる
する	なさる／される	いたす
食べる	召し上がる／お食べになる	いただく／頂戴する
見る	ご覧になる／見られる	拝見する

尊称と謙称

基本	尊称	謙称
会社	貴社／御社	当社／弊社／小社
店	貴店	当店
銀行	貴行	当行
人	～様／あなた様	私／当方
集団	各位／みなさま	一同／私ども

Point

☑ 尊敬語と謙譲語を取り違えて使用しない
☑ 社外文書では上司にも敬称略で謙譲語を
☑ マナー違反の二重敬語にも注意を払う

文書の内容を
Ａ４用紙一枚に抑えるワザ

● 用紙の余白を調整しよう

　ビジネス文書では、通常Ａ４サイズの用紙が使われます。書類を
ファイリングする際に便利なため、用紙サイズはそろえましょう。そ
して、文書はＡ４判１枚に収めることが基本ですが、どうしても１枚
に書ききれないケースも出てきます。**もし、はみ出した分が３行くら
いなら、無理に修正しなくても用紙の余白調整で解決が可能**です。

● 上と下の空きを縮小する

　Word で印刷する場合、上下・左右に設定された余白。この**上下の
余白を縮小すると文字を収めるスペースが広がるので、１ページに入
る字数が増えます**。左右の余白も狭めたいところですが、１行の字数
が多少増えても行数にはあまり影響がないうえ、１行にダラダラと文
字が並ぶと読みにくいため、上下の余白調整のみで対応しましょう。

● 色の境目を上下にドラッグ

　余白の調整は「レイアウト」タブから行いますが、「ルーラー」に
よる方法なら、もっと簡単。まず、ルーラーの表示がない場合は、「表
示」タブでルーラーにチェックを。すると、ウィンドウ上部に水平ルー
ラー、左側に垂直ルーラーが表示され、白い部分がページ幅で、その
両端の色の違う部分が余白となります。垂直ルーラーの色の境目にマ
ウスポインターを移動すると双方向の矢印に変わり、**上余白・下余白
の調整ができるので、１ページに収まるように余白を縮小**します。

ドラッグ操作

1

もし、文書を作成していて、1〜2行ほど1ページに収まらなかったら、「表示」タブを選択し、「ルーラー」にチェックを入れる。

▼

2

「ルーラー」にチェックを入れると、縦と横に定規の目盛りのようなものが出てくるので、縦の目盛にマウスポインタを合わせ、下にドラッグする。

▼

3

記

日時：令和○年7月7日（金）
時間 :18：00 ～ 22：00
集合時間 :17：50 までに○○センター受付
参加人数3名まで
会場：○○センター3F　宴会場
当日の緊急連絡先 :080-0000-0000

参加可否のご連絡は○○日までに弊社人事部　能率までにお願いいたします。
Xxxxxxxxx@xmail.com

以上

そうするとはみ出した文字が上に上がるので、全てがページ内に収まれば完了。

Point
☑ 数行のはみ出しなら余白の調整で解消可能
☑ 余白が減ればページ幅が広がり字数も増加
☑ 下余白の縮小だけで足りなければ上余白も

実はとても大切!
正しいホチキス留めの方法

　書類を留めるときに欠かせないホチキス。ビジネスシーンでも使う機会は多いでしょう。そんな身近な存在のホチキスにも、実は留める位置や角度にマナーがあります。

　まずホチキスを留める位置は、文章が横書きの場合には左上、縦書きの場合には右上が一般的。資料の文章がはじまる位置にホチキス留めをすると、読み手は文章を読む流れを止めずに紙をめくることができきます。

　このとき、紙の角に対して斜め45度の角度に留めること、紙が簡単に破けないよう、角から最低でも2cmほど離して留めることを意識しましょう。読み手が書類をスムーズに読み進めることができるよう、ホチキスを正しく使うことが大切です。

横書きの場合	縦書きの場合
●資料の左上を留める	●資料の右上を留める
●紙に対して斜め45度の　角度（ ／ ）で留める	●紙に対して斜め45度の　角度（ ＼ ）で留める
●留める位置は　紙の角から2cm以上離す	●留める位置は　紙の角から2cm以上離す

第 2 章

\ 今さら聞けない！ /

ビジネス文書の
送り方

現代では、メールやチャットなどのデジタルツールのやり取りがビジネスでも主流になってきていますが、なかには紙での直接的なやり取りを必要とする場合があります。本章ではそれぞれの場面に合わせた送り方のポイントを、わかりやすく解説していきます。

封筒を使って
郵送するときのルール

封筒の書き方

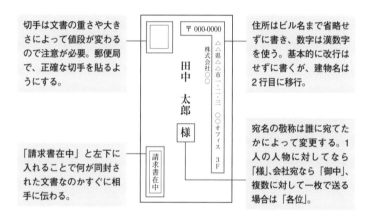

切手は文書の重さや大きさによって値段が変わるので注意が必要。郵便局で、正確な切手を貼るようにする。

住所はビル名まで省略せずに書き、数字は漢数字を使う。基本的に改行はせずに書くが、建物名は2行目に移行。

宛名の敬称は誰に宛てたかによって変更する。1人の人物に対してなら「様」、会社宛なら「御中」、複数に対して一枚で送る場合は「各位」。

「請求書在中」と左下に入れることで何が同封された文書なのかすぐに相手に伝わる。

〒 000-0000

△△県△△市一・二・三 ○○オフィス 3 F

株式会社○○

田中 太郎 様

請求書在中

● 封筒の種類と適切な使い方

　ビジネスシーンにおいて封筒で文書を郵送する場合、**案件によってふさわしい封筒を選択しましょう**。選ぶ封筒の種類も、一般的な文書は社名入りの和封筒、事務文書は茶封筒、挨拶状など儀礼用には洋封筒を用います。なお、葬礼関係の場合は不幸が重なることを避けるため、二重封筒ではなく一重の封筒を使うようにしましょう。

● 和封筒の書き方

　縦書き文字の和封筒の場合、左上に切手を貼ります。切手はできるだけ一枚が理想。住所は、郵便番号欄の1cm下くらいから、都道府

県名もきちんと書きます。**番地の数字は漢数字を用い、一二のように一が重なる場合は十二と書きます。**正式な社名を記し、個人名は大きく書きます。敬称は「様」で、連名の場合どちらにも「様」を付けます。

• 文書の折り方

　封書は、読む人が封筒から取り出した際、スムーズに広げられるように入れます。文書サイズはA4の紙を使うことが多く、和封筒に入れる場合、通常は三つ折りにします。きれいな三つ折りにするには、定規で計測しましょう。そして、**用紙の下3分の1を折り、次に上3分の1を折って重ねます。**封筒に入れる際、書き出し部分が封筒の右上になるように入れます。B5サイズの紙では、四つ折りにします。

文書の折り方

A4用紙の場合

下3分の1を上側に折る　　上3分の1を下側に向かって折る

封筒への入れ方

長3封筒にA4用紙を入れる場合

・折ったとき文書の上が一番外になっているか確認する

・文書の「送付状」などの書き出しが右側に来ている状態で封筒に入れる

Point

☑ 文書の内容によって、**用いる封筒が違う**

☑ 縦書き文字の和封筒は、「相手の名前を大きく」書く

☑ 文書は、和封筒なら「三つ折り」に

郵送するとき、あれば印象が上がる一筆箋

● 一筆箋の役割

　相手に好印象を与える小さな便箋「一筆箋」は、普通の便箋と違って、格式張って書く必要はなく、手書きで一言添えるだけで十分です。横8cm×縦18cmの縦長のものや、横10cm×縦14cmのものがあり、罫は6〜7行。**拝啓や謹啓、敬具といった頭語や結語、時候の挨拶、相手の近況を尋ねることを省略しても問題がありません。**

● 手書きによって一層気持ちが伝わる

　取引先へ資料などを送付する場合や注文品を送る際、**通常の添え状に加えて「一筆箋」に手書きのメッセージを添える**と、受け取った側に好印象を与えてくれます。社内においても、仕事の依頼や出張土産を手渡す際、「一筆箋」を添えることで感謝の気持ちを伝えることができ、ネットを使ったやり取りとは違うよい印象を与えます。

● 一筆箋のマナー

　気軽で自由な雰囲気がある「一筆箋」ですが、**送り相手への細やかな配慮を忘れると逆効果になるので注意が必要です。**文頭に相手の会社名と個人名を書き、末尾に自社名と自分の名前を記しますが、社名も個人名も必ずフルネームで書きましょう。文面は、できるだけシンプルでわかりやすい文章にすることが望ましく、手書きのメッセージが添えられていること自体に、思いやりと気配りを感じてもらうことが大事なので、丁寧な文字で書きましょう。

一筆箋の書き方

一筆箋は、送付状のようなものですが、手書きで書くことが原則です。これが同封されていることによって、相手への気遣いや思いやりがより伝わりやすくなります。

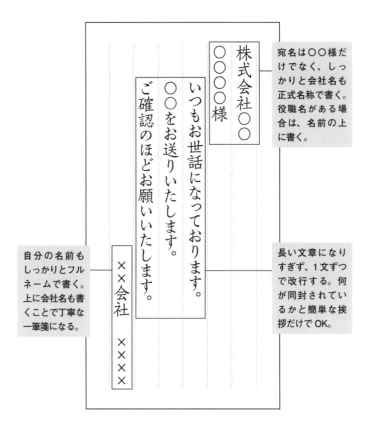

宛名は〇〇様だけでなく、しっかりと会社名も正式名称で書く。役職名がある場合は、名前の上に書く。

自分の名前もしっかりとフルネームで書く。上に会社名も書くことで丁寧な一筆箋になる。

長い文章になりすぎず、1文ずつで改行する。何が同封されているかと簡単な挨拶だけでOK。

株式会社〇〇
〇〇〇〇
〇〇〇〇様

いつもお世話になっております。
〇〇をお送りいたします。
ご確認のほどお願いいたします。

××会社
×××××

Point

☑ 肩ひじを張らずに、「好印象を与えること」を目的に
☑ 「手書きのメッセージ」が添えられていることが大切
☑ 相手も自分も「名前はフルネーム」で書く

意外と使う！
FAX で送るときのルール

● FAX もビジネスシーンでは数多く登場する

インターネット、メールなどを通したコミュニケーションが大きく広がっている現代ですが、ビジネスシーンにおいては、今も FAX でのやり取りは決して稀ではありません。**FAX を送るときにはルールがあり、それを覚えておくことが必要**です。特に、送信するものに添える「送付状」は重要で、その書き方、ルールを学んでおくことが大切です。

● FAX 送信時の注意点

FAX を送信する際の注意点は、**相手と内容がわかる「送付状」を必ず付けること**。また、大量の枚数を送ることは紙不足や紙詰まりなど故障の原因となります。最大 10 枚程度にしましょう。さらに、受け取り側は誰なのかわからないので個人情報などは控え、細かい文字や図版などは判別不能になるので送らないようにしましょう。

● 送付状

FAX 送信に欠かせない「送付状」に書き込むのは、①送信日、②送信先の会社名、部署名、担当者名、③何を送信したのかがわかるように送信枚数、④発信者の会社名、部署名、担当者名に電話番号・FAX 番号が入った「発信者名」、⑤送信の内容を簡潔に書いた「本文」、そして、本文以外に特記すべきことなどの「別記・備考」。これを書くことで、**何が送られて来たかがすぐわかります**。

誰に宛てたものかを明記する。例は会社宛なので「御中」。個人宛なら「様」に敬称を変えて対応する。

送った日にちをしっかり記載することで、トラブルがあったとき、証拠として役立つことがある。

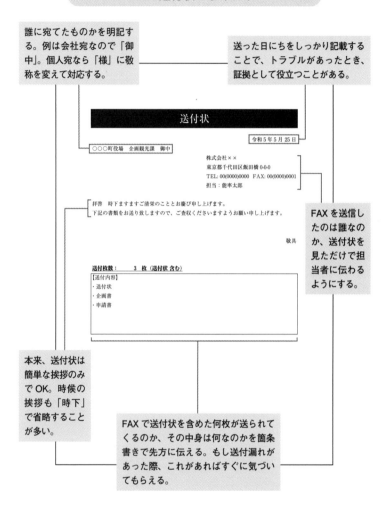

送付状

令和 5 年 5 月 25 日

○○○町役場　企画観光課　御中

株式会社××
東京都千代田区飯田橋 0-0-0
TEL: 00(0000)0000　FAX: 00(0000)0001
担当：能率太郎

拝啓　時下ますますご清栄のこととお慶び申し上げます。
下記の書類をお送り致しますので、ご査収くださいますようお願い申し上げます。

敬具

送付枚数：　　　3　枚（送付状 含む）

【送付内容】
・送付状
・企画書
・申請書

FAX を送信したのは誰なのか、送付状を見ただけで担当者に伝わるようにする。

本来、送付状は簡単な挨拶のみで OK。時候の挨拶も「時下」で省略することが多い。

FAX で送付状を含めた何枚が送られてくるのか、その中身は何なのかを箇条書きで先方に伝える。もし送付漏れがあった際、これがあればすぐに気づいてもらえる。

Point

☑ 今でも FAX は「重要なコミュニケーションツール」
☑「大量に送信」すると機械の故障につながる
☑ FAX 送信に必要な「送付状」は簡潔に

ただの連絡ツールではない！
メールを送るときのルール

● メールといえどビジネスシーンではマナーを大切に

　メールは手紙や電話でのやりとりよりも気軽さがあり、ルールやマナーを軽く見てしまう傾向にあります。**LINE の感覚で取引先にメールを送ってしまうと、問題**になります。また、登録したメールアドレスで同じ姓の別人にメールを送った失敗例も、ときどき耳にするので、こうしたミスがないようにルールを学んでおくことが大切です。

● 宛先でも敬称を忘れずに

　LINE やメッセンジャーなどと異なり、メールには"From"と"To"の書き込み欄があるので、**社名、氏名、敬称は必ず入力**するようにしましょう。会社のメールシステムにより、この項目への入力が不可能である場合は、「メールシステムにより、宛先箇所への敬称を略させていただいております」という一文を添えることで、理解を得られることでしょう。

● メールの基本構成と「Cc」「Bcc」

　メールは、①送信先メールアドレス入力の「宛先」、②受信者以外に送信されたことがわかる「Cc」、③受信者にはわからないが同メールが送られる「Bcc」、④メール内容を示す「件名」、⑤ファイル添付がある場合の「添付」、⑥送信先の会社名、部署名、氏名を明記する「宛名」、⑦挨拶や文末で構成し、用件を簡潔に書いた「本文」の**7項目によって成り立ちます。**

メールの基本構成

宛先	「〇〇様」と名前だけではなく、会社名もしっかり入れて連絡先を保存しておく
件名	文章のように長く書くのではなく、「〇〇の件」など相手から見てもすぐにどんなメールか伝わるように工夫する
添付	容量が大きいものだと、メールに添付して送れない場合がある。その場合はファイル転送サービスを用いて送る必要があるため、事前に相手の会社でファイル転送サービスに対応しているかを確認しておくとよい
宛名	送信先の会社名や部署名までをすべて記載するのが望ましい
挨拶	「お世話になっております」からはじまるのが基本だが、朝なら「おはようございます」や、定時後なら「夜分遅くに失礼いたします」などを付け加えるとよい
文末	用件だけを伝えるのではなく、最後に「お忙しい中大変恐縮ですが、」などの言葉があると礼儀として問題ないメールが送れる。メールを確認してもらう立場なので、「ご確認お願いいたします」という言葉もあるとなおよい

「To」「Cc」「Bcc」

	入れる宛先	気を付けること
To	取引先などの担当者	宛先ミスがないように確認をする
Cc	社内の関係者（上司など）	担当者以外を To に入れないようにする
Bcc	社内では共有したいけど担当者には連絡先を知られたくない相手	Cc に Bcc に入れる人が入っていないか確認する

Point
- ☑ ルールやマナーを守り、「送信失敗」に気を付ける
- ☑ 宛先欄には「社名、氏名、敬称」を入力する
- ☑ メールには7つの基本構成がある

〇〇様
いつもお世話になっております。
××会社の△△です。

〇〇の件について一点ご相談がございます。
〇日の打ち合わせの時間ですが、
14：00〜に変更は可能でしょうか？
突然のご連絡で申し訳ございません。

お忙しい中大変恐縮ですが、
ご確認のほどお願い申し上げます。

・挨拶を打ち込んだら、本題に入る前に一行分改行する。

・改行がない文章よりも、格段に読みやすさがアップする。

・なるべく一文は短く、文の区切りで改行する。

・改行が多すぎると逆にくどくなってしまうので注意が必要。

〇〇様
お世話になっております。
××会社の△△です。

先日はお電話をいただき誠にありがとうございました。
下記、ご確認いただきたく存じます。

1. 打ち合わせ日時の件
〇月〇日（月）13：00〜17：00の間でしたら、
御社に伺うことが可能です。
当日は私△△と、□□がお伺いいたします。
こちらご都合のよい日程を
お教えいただけますと幸いです。

2. 資料の件
打ち合わせまでに、私のほうで資料を準備いたします。
御社分は、〇〇様と××様の2部でよろしいでしょうか。
こちらも併せてご確認いただけますと幸いです。

お忙しい中大変恐縮ですが、
何卒よろしくお願い申し上げます。

事前に本件について話す機会があったら、それに対するお礼をメールに入れる。

一文で改行する。なるべく一文が長くならないよう、30文字ほどにとどめる。

伝えたいことが多い場合は、箇条書きで用件をまとめると読みやすさがアップする。

• 読んでもらえるメールのポイント

　メールを受け取った際に「なんだか読みづらいなぁ」と感じたこと
はありませんか。改行せずに横に長く文章が続いていたり、一気に20
〜 30行以上の文章が詰まっていたりすると読む気が失せてしまいま
す。**伝えたいことを一気に書くのではなく、読んでもらえる形にして
送るのがメールのポイント**になります。

• 行頭と改行

　手紙の場合、行頭は一文字空けて書きますが、メールの場合はすべ
て左寄せのままでOK。送信者と受信者のメールソフト環境が違うと、
送信者のレイアウト通りに届かないからです。**文面は一行30字程度
が読みやすく、それ以上は改行**しましょう。相手の社名や名前は行頭
に書き、名前の途中で分裂しないように気を付けましょう。

• レイアウトアレンジ

　メールの見た目のよさは、送り手の事務能力の高さを象徴していま
す。一行あたりの適正な文字量や改行はもちろん、案件によって「（1）
前回の打ち合わせ内容のレジュメ」や「（2）お見積りの件」と数字
を付けてリードにすると明確に伝わります。さらに「ご多忙中、申し
訳ございませんが、次回会議は〇月〇日午前10時より弊社第一会議
室でお願い申し上げます」などと本文に書き込むより、**別枠にして「◎
次回会議は次のとおりお願い申し上げます」とし、時間と場所を記す**
ことでしっかりと伝わります。

Point

☑ 「横長の文章」にならないよう、的確な改行をする
☑ メールの文章は「左詰め」で、「一行は30字以内」
☑ 「レイアウト」を考えて、相手に伝わりやすくする

ビジネスチャットでも
マナーと礼儀は忘れずに

● 気軽なツールでも礼儀を守ることが大切

最近はビジネスシーンでも LINE などの SNS サービスが導入され、業務連絡などに活用されていますが、チャットの持つ気楽な雰囲気によるいくつかの注意点があります。**上司への返信には「了解」や「OK」ではなく、「承知しました」としましょう。**また、スタンプは、相手がスタンプを使うかどうかなどを見極めて使用しましょう。

● ビジネスチャットでのポイント

社内グループチャットでは、スタンプを不快に感じる上司や先輩もいますので、事前にメンバー内で確認しておきましょう。送られて来たメッセージにはできるだけ素早く返信することがポイントです。既読がつくので、返信が遅いのは問題視されます。また、**長文はメールで送り、チャットで「長文メールを送りました」と報告しましょう。**

● ビジネスチャットでの NG 事項

取引先のお客様とのチャット使用は、あまりおすすめできません。ビジネスで個人アカウントを使用するのは、機密事項や情報の漏洩をもたらし、セキュリティ的にもコンプライアンス的にも問題です。また、社内グループチャットで、約束を直前になってキャンセルするのはビジネスマナー違反。必ず電話で連絡をして事情を説明しましょう。既読スルーも友人同士なら許されますが、ビジネスでは NG なので注意が必要です。

ビジネスチャットを使うタイミング

例 急ぎの用事があるとき

> 先ほどメールいたしました。
> お手すきの際にお電話いただけますと幸いです

> 承知いたしました

・電話をしたけど、担当者が席を外し不在だったとき（いつ戻るかわからないとき）

・定時後メールを送ったけど返信がないとき（このときは明日の対応をお願いする）

・自分が出先でメールを確認できないとき（電話で対応することを伝える）

やってはいけない NG 事項

謝罪	謝罪は誠意を込めてするもの。簡単に済ませられるビジネスチャットでひと言謝るだけなのはマナー違反
長文	ビジネスチャットでは、用件をひと言で送るように心がける。用件がたくさんある場合はメールで送るようにする
場違いなスタンプ	チャットでは、かわいらしいスタンプもたくさんあるけれど、ビジネスの場面ではあまり相応しくない。真面目な場でのスタンプ送信はあまり褒められた行動ではないので注意が必要
失礼な時間帯	早朝であったり、夜中、休日は通知が来るチャットでメッセージを送信しないようにする。相手は社用携帯ではなく、個人携帯でチャットをしてるかもしれない、など、相手の状況を考えて日中や勤務中のみビジネスチャットを利用する

Point ☑ 上司からの返信に「了解」や「OK」は NG
☑ スタンプの乱用、返信が遅い、長文は NG
☑ 休日や深夜のチャットは「マナー違反」

メールに
「機種作成文字」は要注意

　スマートフォンでのチャットや電子メモなどでは、「①②③」「ⅠⅡⅢ」といった文字を使うこともあるでしょう。これらは「機種作成文字」と呼ばれ、実はこれらの文字をビジネスメールで使用するのはマナー違反だといわれています。

　その理由は、PC の機種や OS の違いなどによって、文字化けをする恐れがあるため。ビジネスシーンでは情報を受信側の人に正しく伝えることが最も大切です。うっかりして使わないようにしましょう。

　また、半角カタカナや旧字体の漢字も正しく表示されない可能性があります。もし相手の名前に旧字体の漢字が使われている場合には、「お名前の漢字が機種作成文字だったため、『○（新字体）』を使わせていただきます」とひと言添えるのがおすすめです。

ビジネスメールで使ってはいけない文字	
囲み文字、ローマ数字	例：①②③、㊊㊋㊌、ⅠⅡⅢ、ⅰⅱⅲ　など
半角カタカナ	例：ｱｲｳｴｵ　など
省略文字	例：㈱㈲、℡、㈹、㍼　など
単位	例：㎜、㎞、㎝、㍉、㌔、㌢　など
旧字体	髙、繫、﨑など

第 3 章

読みやすさで印象が変わる！

よい文書の
作り方

文書の作成で気を付けなければならないのは形
式だけではありません。会社にひな形がある場
合でも、文書の内容によって自分の言葉で書き
直さなければいけない場合もあります。ここで
は、読みやすい文章のポイントを詳しく説明し
ていきます。

漢字とひらがなの使い分け

● 名詞や動詞は漢字が基本

　小説の場合、漢字の開き方は人によって異なります。難読漢字をあえて使ったり、仮名を多用してみたり。そこが個性の見せどころだからです。しかし、ビジネス文書は逆。**何より読みやすい文章を心がけ、漢字と仮名を使い分けましょう。**名詞、動詞、形容詞、形容動詞などそれ自体が意味を持つ語を漢字で、助詞や助動詞はひらがなで書くのが基本です。

● 漢字で書くと内容が把握しやすくなる

　文章をパッと見たとき、仮名より漢字に目がいきます。したがってそれ自体が意味を持つ名詞や動詞などを漢字で書けば、読み手には内容が把握しやすくなります。**同じ動詞や形容詞でも「（〜て）いる」というように、補助的な役割を持った語は仮名で表記するようにしましょう。**漢字にすることで意味を持つかのように見えてしまうためです。

● 仮名を用いることでより読みやすく

　常用漢字ではない字（表外字）、常用漢字でも読みにくい字は仮名で書くようにしましょう。語の一部が常用漢字でない場合も仮名にします。ただし、接する助詞とつながって語の切れ目がわかりづらいときには、ひらがなでなくカタカナで書きます。「こと（事）」や「もの（物）」といった形式名詞、「あらかじめ（予め）」や「あまりに（余りに）」などの副詞もひらがなで書きます。

漢字を使いたい言葉

名詞	出来事を表す「事」、時間や期間を表す「時」、場所を表す「所」、物体を意味する「物」、人を表す「者」などは、意味を一発で伝えるためにも漢字を使う
動詞	「つとめる」「つくる」「すむ」など、漢字によって意味が異なってしまうことがあるため、基本的に動詞は漢字で書くようにすれば間違いない
形容詞	動詞と同じように「かたい」「あらい」など漢字1つで意味が異なる語があるため、漢字を用いて書くと無難

ひらがなを使いたい言葉

助詞	「〇〇くらい」、「〇〇まで」のような程度を表す助詞はわかりやすさを重視するためにもひらがなで対応するとよい
副詞	「かえって（却って）」、「あらかじめ（予め）」、「まず（先ず）」、「あまりに（余りに）」などの訓読みの副詞はひらがなにするのがよい
形式名詞	「〇〇なこと（事）」、「〇〇なもの（物）」など、特定のものを指す言葉に関しては、動詞とは違いひらがなで書く

Point

- ☑ 漢字と仮名を使い分けて相手に読みやすくする
- ☑ それ自体が意味を持つ名詞や動詞は漢字で
- ☑ 助詞や副詞など補助的な役割を持つ語は仮名で

算用数字、漢数字の使い分け

● 横書きは算用数字、縦書きは漢数字

ビジネス文書のなかで数字を書く場合、横書きは算用数字（アラビア数字）、縦書きは漢数字が原則です。ただし、**例外的に横書きでも漢数字を用いるケースがあります**。「常用漢字表」の付表としてまとめられた、一字ごとの音訓として切りわけにくい語です。「一つ（ひとつ）」、「一人（ひとり）」、「一日（ついたち）」などがこれに当たります。

● 熟語やことわざは横書きでも漢数字で

熟語や慣用句、ことわざの一部として使われる数にも漢数字を用います。「一攫千金」、「三日坊主」、「五十歩百歩」などです。また、**ほかの数字と置きかえられない数にも、漢数字を使う**ことになっています。たとえば家が「1軒、2軒」といったときは算用数字で問題ありませんが、「一軒家」は漢数字で書きます。「三権分立」、「四天王」、「六法全書」なども同様です。

● 大きな数字は併用して読みやすく

算用数字と漢数字の使い分けは、大きな数字を表すときが特に混乱します。十・百・千・万・億は同じ単位語ですが、原則として十・百・千は用いません。四桁の数には「7,000」のように位取りのカンマを入れます。**五桁以上の大きな数では1億2,000万人といったように算用数字と漢数字を併用するとわかりやすくなります。**

算用数字

ほかの数も当てはまる	「1 個」、「1 件」、「3 つ」など、どの数でも使える事柄に関しては算用数字を使う
量を表す	「グラム」「キロ」「センチ」など、量や程度を表す単位が付くときは算用数字を使う
順番を示す	「1 番」、「1 つ目」、「1 回目」などの順番を意味する場合も算用数字を使う
日にちや数を並べる	「5 月 5 日」、「12 〜 13 人」など、日付や人数を表記するときも算用数字を使う

漢用数字

一つの言葉になっている数字	「二日酔い」、「一軒家」など、言葉として決められていてほかの数字が該当しない言葉は数字か漢字で表記する
慣用句、ことわざ	「石の上にも三年」「七転び八起き」など、ことわざなどに数字が入っている場合も数字は漢数字を用いる
熟語	「一家団欒」、「一日千秋」などの熟語も漢数字を用いる
大きすぎる数	1,000 までは算用数字で書く場合もある。10,000 以上の数になってくると、だんだん桁を数えるのも大変になってくるので「万」「億」「兆」など漢字で省略する

Point

☑ 横書きは算用数字、縦書きは漢数字が原則
☑ ほかの数字に置き換えられない数は漢数字
☑ 五桁以上の数は算用数字・漢数字併用で

読みやすさがアップする 読点の入れ方

● 主語につく助詞の直後に打つ

　読点（とうてん）の打ち方にはある種の法則のようなものがあり、これに留意すると格段に文章は読みやすくなります。まずは、一文のなかで主語と述語が離れている場合、**主語につく助詞（「は」）の直後に読点を打つ**というもの。そうすることで主語と述語の関係性がはっきりとし、長めの文章でも読みやすくなります。短い文のときは不要です。

● 切れ目がわかりやすいように打つ

　状態や性質を説明する動詞や形容詞が、**体言（名詞や代名詞などの主語になる語）を修飾する文節を連体修飾節といいます。**つまり名詞に長々と説明がついている文のことです。この場合も、主語につく助詞のあとに読点を打ちます。漢字同士、ひらがな同士のように、同種の文字が連なるときも切れ目がわかりやすいように読点を打ちます。

● 読点が並列の関係性をきわだたせる

「A、B、C」というように、名詞（句）を並べるときにも読点を入れると効果的です。読点で区切りが打たれることで、それぞれが並列な存在という相互の関係性がきわだつからです。また、**「AとB、C」というように助詞「と」を使うと並列の関係性はより強調され、同時に文章のリズムもよくなります。**このとき助詞をつけるのは最初の要素だけにします。なお、並列の助詞のあとに読点は打たないこと。助詞が読点をかねているからです。

読点を打つタイミング

例　明日は昨夜から体調がよくない猫を病院に連れていく。

▼

明日は、昨夜から体調がよくない猫を病院に連れていく。

主語につく助詞の直後に読点を打つことによって、より文章がわかりやすく相手に伝わる

例　あの洋服は人気モデルの愛用品だから店舗でもオンラインストアでもすぐ売り切れてしまう。

▼

あの洋服は人気モデルの愛用品だから、店舗でもオンラインストアでもすぐ売り切れてしまう。

名詞を具体的に説明している場合、その説明の区切りに読点を打つ

読点が必要ない文章

例　彼が私のためにプレゼントをしてくれた。

一息で読めるような一文が短い文章は、読点を付けることで逆に読みにくい文章になってしまう可能性がある

Point
☑ 読点によって文章は格段に読みやすくなる
☑ 文章の構造をわかりやすくするために打つ
☑ 語句同士の関係性を強調するはたらきがある

注意しておきたい接続詞

● 上司に使ってはいけない危険な接続詞

　上司に上から目線でものをいう部下はいないでしょう。ところが文章だと、そうしたタブーを犯してしまう人があとを絶ちません。キーワードは「接続詞」。ビジネス文書では、それを使うことで上から目線になってしまう危険な接続詞があるのです。たとえば**話題を変えるときの「さて」**のように、**話の主導権を奪ってしまう接続詞**です。

● 部下に使う言葉を上司に使うな

「要するに」や「ただし」も、部下が上司に使う言葉ではありません。むしろ指示を出す側の上司が、部下の行動を評価したり制限したりするときに使う言葉です。「まず、〜していただけますか」も、丁寧に述べているようでいて指示を出している印象が拭えません。**「まず」「次に」といった順序を示す語も目上にはタブー**と心得ましょう。

● こんな接続詞は積極的に使いたい

　一方で、「また」は、積極的に使いたい接続詞です。**前後の文章の内容が並列の関係にある場合、この接続詞を使うことで関係性がはっきりわかる**ようになります。直前の内容を受けて、その対処法などを述べる「そこで」も、書き手の主張を読み手に見えやすくするはたらきがあります。それから、追伸のように全体の締めとなる段落に置く「なお」も、使い勝手のよい接続詞です。それがメインの情報ではなく、あくまで二次的な補足情報だということが相手に伝わりやすくなります。

上から目線に気を付ける

上から目線	状況	ポイント
さて	謝罪時	「さて」は、内容を切り替える意味合いを持つ。謝る側が急に切り替えると生意気な印象にとらえられることがある
まず	依頼時	文書内で相手に何かを依頼するとき、「まず」という言葉を使ってしまうと、指示を出しているような印象を与えてしまう。頼む側の態度ではないため、あまり好まれない
ただし	依頼時	「まず」と一緒で何かを頼むとき、「ただし〇〇してください」と伝えてしまうと、相手を強制している印象を与えてしまうので感じが悪くなる
要するに	質問時	「要するに〇〇ということでしょうか?」と聞いてしまうと、相手側に「こちらの伝え方だとわかりづらかったかな?」という圧を与えてしまう

上から目線を回避する方法

ただし××までにお願いします

まず、こちらを確認していただきたいです

そっちが頼んできたのになんだその態度は!

お忙しいところ恐縮ですが、××までにお願いいたします

こちらをご確認いただきたく存じます

なるほど、了解です!

※そもそも接続詞を入れないほうが相手に感じよく伝わる場合もある。また、「お忙しいところ〜」といった言葉をはさむことで印象も柔らかくなる

Point

☑ **上から目線**にならないよう接続詞に注意
☑ 「さて」「要するに」「ただし」などは危険
☑ 「また」や「そこで」は使い勝手がよい

3-5 自分の基準をベースにしない

程度を表す副詞は
ビジネス文書に不向き

● 「程度の副詞」は書き手の意図が計りにくい

　内容や表現が具体的であるほど相手には正しく伝わります。ビジネス文書ともなれば情報を正確に伝達するのが目的。個々の表現が、具体的かつ客観的であるかどうかが問われます。そこで気を付けたいのが副詞の使い方。「ほとんど」「多少」「少々」などの「程度の副詞（程度を表す副詞）」は、書き手の意図が計りにくい性質があります。

● 書き手と読み手では尺度が異なる

　人はそれぞれ異なる尺度を持っています。書き手が「十分チェックした」と主張したとしても、それが読み手にとって十分かどうかはわかりません。「ほとんど」も「多少」「十分」も、主観にもとづいた程度の副詞です。ビジネス文書のなかで用いると、**読み手の解釈との間に深刻な齟齬が生じる場合もある**ので注意が必要です。

● 「状態の副詞」にも注意が必要

「よく」「しっかり」「はっきり」「きちんと」などの「状態の副詞」は、やはり程度に関係したもの。これらもビジネス文書には不向きです。**「はっきり確認をとった」、「しっかり説明を行った」、「きちんとデータを取った」など、いずれも状況が判然としません。** そういわれたところで、書き手と読み手が同じ尺度を持っていない以上、必ずかみ合わない部分が出てきます。ビジネス文書を書くときは、副詞程度と軽視せず、できるだけ具体的な記述を心がけるようにしましょう。

主観に注意する

程度を表す副詞	とても、しっかりと、ほぼ、もっと、かなり、少々、比較的　など

こちらの図版、少々小さめでお願いいたします

この人の「少々小さめ」ってどれくらいだろう？

※相手に伝える時、程度を表すものなど相手によって基準が異なる場合がある言葉をふわっと伝えてしまうと、相手との意思疎通がはかれない場合がある

✕ こちらの図版、少々小さめでお願いいたします。

▼

◯ こちらの図版、右のグラフよりも小さくお願いいたします。

「小さい」の程度を表す比較対象を一緒に伝えることで相手もイメージしやすくなる

✕ しっかり書いてください。

▼

◯ 時系列に沿って書いてください。

相手が「しっかり」ってどの程度？と感じないよう、反映してほしいことはすべて説明することが大切

Point

☑ ビジネス文書は具体的かつ客観的に
☑ 「程度の副詞」はなるべく使用を避ける
☑ 程度に関係する「状態の副詞」にも注意

カッコの意味と適切な使い分け

• 【 】・（ ）・「 」が基本

　カッコは記述記号の一つで、会話や解説、引用、補足などを、地の文と区切って見えやすくするはたらきがあります。代表的なものは「 」ですが、**ビジネス文書で多く用いられるのは【 】**。次いで（ ）と「 」の順となり、これら3種で9割以上を占めます。つまりカッコの用法としては、この3つの使い分けを覚えることが基本です。

• 目立たせたい言葉は【 】を使う

　【 】の特徴は、ほかのカッコに比べて一際目立つこと。したがって、特に目立たせたい重要な言葉を【 】に入れることで、読み手の注意を引きつける効果があります。**【至急】【要返信】【訂正】といったように、件名の冒頭に入れることが多いのもそのため。**ほかにも、本文の見出しや小見出しに使うこともできます。

• （ ）は応用範囲が広い

　（ ）は丸カッコといいます。**応用範囲が広く、漢字の読みや語句の説明、言い換えなどを（ ）のなかに入れることで、地の文の内容を適宜補足**します。「 」はかぎカッコで、日常的には会話文に用います。ビジネス文書でも同様ですが、ほかに書名・論文名、商品名を強調するために使ったり、引用を示すときに使います。かぎカッコのなかにかぎカッコを入れるときは『 』を使うことが一般的でしたが、最近は「 」を二重に用いる傾向が強くなってきているようです。

よく使われるカッコと意味

「　」	かぎカッコ。セリフや商品などの名前
（　）	丸カッコ。補足をしたい場合
【　】	すみつきカッコ。強調

※別のカッコが使われたり、文字の太さなどで調整する場合もある

カッコの使用例

「　」

✕　弊社の新商品である〇〇〇〇をお送りいたします。

〇　弊社の新商品である「〇〇〇〇」をお送りいたします。

（　）

先ほどお電話した件についてメールいたします。
（お手すきの際にご対応いただけますと幸いです）

※（　）を使わず、そのままメールに打ち込む場合もある。より丁寧な方法は（　）を使って目に留まりやすくするこの方法

【　】

✕　至急ご確認をお願いいたします。〇〇の件

〇　【至急】〇〇の件

※【　】は、メールの件名などで使われることが多いカッコ。ひと目見てどんなメールかが先方に伝わりやすいよう一文を短く収めたい件名で役立つ。また、「※」で対応する場合もある

Point
☑　重要なことは【　】を使って目立たせる
☑　語句の説明や言い換えは（　）に入れる
☑　「　」のなかに「　」を入れるときは『　』に

常に相手の立場に立って
専門用語を使い分ける

● 読み手に伝わりやすい言葉を選ぶ

個人的な日記のたぐいでもないかぎり、文章は読み手の立場を考えて書かれるものです。ビジネス文書は特にそうあるべきで、表現や語句の1つひとつをとっても、読み手に伝わりやすい、読み手が理解できる言葉を選ばなければなりません。それを実践するには、**文書を手にとる相手の立場や知識に思いをはせる必要があります**。

● 自分の尺度で考えず相手のことを考える

専門用語を使ったやりとりは、その道のベテランにとってはかえってスムーズに話が進んで楽なものです。しかし、**キャリア不足の相手に対しては、あえて同じ水準まで降りていくことが大切**です。知らない言葉が頻出する文書を前にして、読み手がどのように感じるのか。自分の尺度では考えず、読む相手のことを考えて言葉を選びましょう。

● 難しい用語は言い換えたり補足をつける

読み手が知らない（と思われる）言葉は使わず、平易な言葉に言い換える。読み手には難しい（かもしれない）言葉には補足説明をつける。そうやって相手に合わせて用語を使い分けましょう。とはいえ、他人のスキルや知識を正しく把握するのは難しいもの。そんなときは相手とキャリアが近い部下や、畑違いの同僚に頼んで、内容を理解できるかチェックしてもらうのも一つの手。そして問題があれば修正するようにしましょう。

よく使われる専門用語

言葉	職種	意味
アイミツ	営業	複数の会社から同じ内容の見積書を取り寄せること
商材	メーカーなど	商品のこと
バッシング	飲食店	お客様が使い終わったテーブルを片付けること
WMS	物流系	Warehouse Management System の略。物流倉庫の入荷から出荷までのあらゆる工程を効率化し管理する「倉庫管理システム」のこと
RPA	システム系	Robotic Process Automation の略。人が手作業で行っている定型的な業務をコンピュータが代わりに自動で行うこと

専門用語の修正

じゃあアイミツ出しますね

アイ……、何？

では複数の会社から同条件の見積書を取り寄せますね！

助かります！

こんなときに言い換えよう

相手が同業者でない場合

お客様を相手にしているとき

はじめて仕事をするお客様

> 相手が普段どのように専門用語を使っているかわからないため

Point

☑ **相手の立場に配慮**した文章を心がける

☑ **相手の知識に合わせて**用語を使い分ける

☑ 文章を事前に誰かに**チェック**してもらう

やっぱりビジネス英語って多用しすぎると印象が悪い？

● 氾濫するビジネス英語には落とし穴が

エビデンス、スキーム、タスク、ブレスト、リマインド……。ビジネスシーンで使われる英語（外来語）はとても多いです。おまけにリスケ（リスケジュール）など、なじみの薄い英語をさらに簡略化するケースまであります。**一見して新しそうで、仕事をしている感も出る、この手のカタカナを使ったビジネス英語には落とし穴もあります。**

よく使われるビジネス英語

場面	用語	意味
会議	アジェンダ	議題・予定などを意味する言葉
	イシュー	アジェンダと同じような意味合い
	イニシアチブ	主導権などの意味。率先して物事を進めることを指す
	エビデンス	根拠や証拠、裏付けという意味
打ち合わせ	キャパシティ	分量などのことを指す
共有	サマリー	まとめ、要約。会議のサマリーなど
	プライオリティ	優先順位のこと
会議	ブラッシュアップ	磨き上げる。精度を上げるなど

※ここで挙げた言葉以外にも、使われているビジネス英語はたくさんある

● 相手に意味が伝わらなければ無意味

こちらがよかれと思ってビジネス英語を使っても、相手がその都度、辞書で意味を調べなければならないなら無意味です。**相手の時間**

を奪うことになり、言葉の解釈に齟齬が生じてトラブルに発展する恐**れ**もあります。和訳の難しい言葉はさておき、そうでないなら日本語に言い換えましょう。

● 相手の理解を助ける工夫が大切

　それでもあえてビジネス英語を使いたいということなら、できるだけ相手の理解を助ける工夫をしましょう。**英語など母国語以外の用語を使う場合は、その語の持つ意味を相手が無理なく把握できるかが重要**です。もし難しそうなら、別の表現を選んだほうが無難です。また、一つの単語が多様な意味を持つこともあります。それでは認識にズレが生じてしまうので、オンライン辞書などを駆使して事前に調べ、問題があれば補足説明を添えるようにします。ビジネス英語を使うときは、少なくともそれくらいの対策は講じておきたいものです。

ビジネス英語を使うときの注意点

多義語に注意しよう

例 こちらには**ストック**があります。

▼

こちらには**「○○○」のストック**があります。

「ストック」は在庫品などの意味のほかに、株式などの意味がある。在庫品のことを示す場合は商品に関してもしっかり触れることで別の意味が伝わってしまうことを防げる

Point
☑ 意味が伝わらなければ**相手の時間**を奪うだけ
☑ **言い換え可能**ならできるだけ日本語で
☑ 使う場合は**相手の理解を助ける工夫**を

くどすぎない敬語の使い方

● 敬語は言葉の身だしなみ

社会人ともなれば能力以外に身だしなみも問われます。**敬語もいわば言葉の身だしなみ**。自らの立場にふさわしい、正しい用法を身に付けたいものです。そこで問題となるのがビジネス文書における使い方。読み手が上司やクライアントだとすると、もちろん文章に敬語を織り交ぜることになります。問題はそれが適切かどうかです。

● 注意したい「御（お・ご）」の使い方

くどすぎる敬語は、かえって本来の敬意を損ねます。たとえば「お会いになられる」は、「お」も「〜なられる」も尊敬語なので二重敬語になります。また、「御（お・ご）」を自分を対象とした言葉に付けても不自然になります。**「新しい企画をご提案いたします」は、提案するのは自分なので誤り**。「提案いたします」が正解です。

● 「させていただく」は慎重に

「させていただく」は見慣れた言い回しですが誤用も多い敬語です。この言葉は、相手や第三者の許可を必要とする、自分が恩恵を受けるという2つの条件を満たした場合に使用できます。たとえば「追加の提案がなければ契約を保留させていただきます」は2つの条件を満たしていますが、**「○○について説明させていただきます」は大げさ。「説明いたします」で十分**です。また、「仕様書を拝見させていただきました」も拝見が謙譲語のため、二重敬語になって不適切です。

「お」と「ご」の付け方

お	お知らせ、お待ちする、お電話など
ご	ご返信、ご送付、ご連絡、ご確認など

★自分に対する言葉には付けないのが基本

例 資料を **お** 送りいただきありがとうございます。
こちら **ご** 確認に1日ほど **お** 時間をいただきたく存じます。

資料を送ってくれたのは先方なので、ここで「お」を使うのは間違っていない。しかし、確認するのと時間をかけるのはこちら側なので、ここで「ご」や「お」を付けるのは少しくどい印象を与えてしまう

「いただく」の使い方

**させて
いただく**
この言葉は、ただ連絡するだけではなくこれから相手に対してやろうとしていることの許可が必要になることだったり、それによって自分が恩恵を受けるかどうかの2つの条件が重なったときに使う

NG例 「こちら確認のうえ、改めてご連絡させていただきます」

確認することに相手の許可はいらないので、「改めて連絡いたします」で十分

OK例 「期限内に連絡がない場合は、処分させていただきます」

相手のものを処分するのには許可が必要。確認を取ることで会社としても行動を起こせるようになるので2つの条件を満たしている

Point
☑ くどすぎる敬語は逆に敬意を損ねる
☑ 自分を敬意の対象にしないように
☑ 「させていただきます」は誤用に注意

配置をそろえるだけで読み手に伝わりやすくなる

● ビジネス文書には書式がある

ビジネス文書は、一定の書式に則って書く必要があります。**特に1ページ（A4用紙1枚）に内容を収める場合は、内容を簡潔に、わかりやすくしなければなりません。** そのため主文は「下記の通り（下記のように）」からはじめて用件をまず述べ、要点は「記」以下に箇条書きでまとめ、末尾の「以上」をもって締めくくる構成をとります。

● 重要な情報は「記書き」にまとめる

「記」から「以上」までの範囲を「記書き」といい、文書のキモとなる内容が箇条書きで記されます。このとき**「記」は中央ぞろえに、「以上」は右ぞろえに配置する**のが原則です。文書作成に用いるワープロソフトの多くは、「記」と入力すると自動的に中央ぞろえに、「以上」と入力すると右ぞろえにインデントされるようになっています。

● 各種情報には所定の位置がある

ビジネス文書では、ほかに「発信日」や「宛先」、「タイトル」、「発信者」など所定の情報を書き入れる配置場所も決まっています。そうして各情報が定位置に配されることによって、内容が読み手に伝わりやすくなるのです。「宛先」は左ぞろえに、「発信日」や「発信者」など書き手の情報は右ぞろえに、「タイトル」は中央ぞろえにします。**このような文字そろえは、Wordでは「ホーム」タブ上のボタンから、ワンクリックで行うことができます。**

それぞれの配置

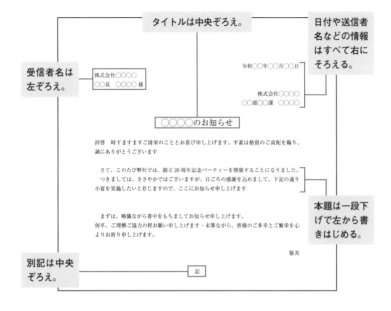

タイトルは中央ぞろえ。

日付や送信者名などの情報はすべて右にそろえる。

受信者名は左ぞろえ。

株式会社○○○○
○○長　○○○○　様

令和○○年○○月○○日

株式会社○○○○
○○部○○課　○○○○

○○○○○のお知らせ

拝啓　時下ますますご清栄のこととお喜び申し上げます。平素は格別のご高配を賜り、誠にありがとうございます

さて、このたび弊社では、創立20周年記念パーティーを開催することになりました。つきましては、ささやかではございますが、日ごろの感謝を込めまして、下記の通り小宴を実施したいと存じますので、ここにお知らせ申し上げます

まずは、略儀ながら書中をもちましてお知らせ申し上げます。
何卒、ご理解ご協力の程お願い申し上げます・末筆ながら、皆様のご多幸とご繁栄を心よりお祈り申し上げます。

敬具

本題は一段下げで左から書きはじめる。

別記は中央ぞろえ。

記

配置の設定方法

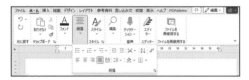

①ホームタブの「段落」を使う。
②配置のルールに合わせて「右ぞろえ」「中央ぞろえ」「左ぞろえ」を選択する。

Point
☑ 要点は「記書き」に箇条書きでまとめる
☑ 各種の必要情報には所定の位置がある
☑ 文字ぞろえは「ホーム」ボタンから行う

一文を短く！
箇条書きで読みやすさがアップ

● 重要なポイントを簡潔に言いきる

　必要な情報をすべて網羅してあったとしても、ベタ打ちの文章はわかりづらく、読み手にはストレスでしかありません。ビジネス文書は正しく、的確に情報を伝えるのが第一義。そんなときに有効なのが箇条書きです。**余計な情報を削り落とし、そのうえで重要なポイントを簡潔に言いきる**ため、読み手が内容を把握しやすいのが利点です。

● ベタ打ちの文章をわかりやすい箇条書きに

　ベタ打ちの文章を箇条書きに改めるには、まず改行を入れることからはじめます。**改行位置は文字の分量ではなく、箇条書きにしたい意味のかたまりごとに。**あとは、それを文末までくり返すだけです。そうしてできたヒナ形を、次は簡潔な表現に改めていきましょう。要点をクローズアップし、いらない部分を削っていくのです。

● 末尾は体言止めが基本で句点も打たない

　箇条書きは主語、述語を備えた文章である必要はありません。一文を短くして、わかりやすさを優先します。このとき、**箇条書きの末尾は体言止めか「である」調で。区点は不要**です。Wordでは「ホーム」タブに箇条書きのボタンがあるので、ある程度まとまったところでクリックしてみましょう。改行単位で行頭に「・」の付いた箇条書きになるはずです。この状態でチェックして、まだわかりづらいと感じたら、必要に応じてブラッシュアップしましょう。

ベタ打ち

各位　お疲れ様です。人事部の〇〇です。さて、今年も来月から一斉健康診断を実施いたします。実施場所や詳しい注意事項は添付の資料をご確認ください。また、予約は人事部で行いますので、女性社員の方は〇月〇日 10：00 ～ 16；00、〇月〇日 10：00 ～ 15：00のいずれかから、男性社員は〇月×日 10：00 ～ 16：00、〇月×日 10：00 ～ 15：00のいずれかから希望日時を 3 つ選びこのメールに返信をお願いいたします。所要時間は 1 時間程度です。

NG ポイント

・改行がないことで読みづらい

・一文でのまとまりが悪いため、本題が伝わりづらい

箇条書き

各位
お疲れ様です。

←改行

さて、今年も来月から一斉健康診断を実施いたします。
実施場所の詳しい注意事項は添付の資料をご確認ください。
また、予約は人事部で行います。

・女性社員　　〇月〇日　10：00 ～ 16：00
　　　　　　　〇月〇日　10：00 ～ 15：00
・男性社員　　〇月×日　10：00 ～ 16：00
　　　　　　　〇月×日　10：00 ～ 15：00
・所要時間　　1 時間程度
いずれかの日程のうち希望日程を 3 つ選び、このメールに返信をお願いいたします。

女性社員と男性社員で日時がわけられているので、伝わりやすいように箇条書きで記載する。

Point

☑ 箇条書きの特徴は内容が把握しやすいこと

☑ 一文はできるだけ短い、簡潔な表現で

☑ 主語・述語は不要、句点も不要

箇条書きの数は2〜4個

● 箇条書きの項目数には限度がある

便利な箇条書きにも注意したい点があります。プライオリティ（優先順位）の等しい項目を多数列挙されると、せっかく簡潔に整理した利点が失われてしまうことです。**一つの内容に対する、箇条書きの項目数の理想は2〜4個**。それ以上の場合、読み手は全容を把握しづらくなるので、プライオリティの低い項目は省略するなどしましょう。

● プライオリティにしたがって項目を階層化

一つの内容について、どうしても項目数が多くなる場合、どうしたらよいでしょう。そのときは項目内容を見て、プライオリティにしたがった階層を付けるのが有効な手立てです。たとえば上位に**「ターゲット（訴求対象）」「価格」「発売時期」などを並べ、「ターゲット」の下位の階層に「年齢」や「性別」を連ねる**といったやり方です。

● ワンクリックで階層を上げ下げ

最上位に置く項目は、小見出し扱いにして通し番号を打ちましょう。そうすると文書の構造が把握しやすくなります。項目数が多くなると、最初に設定した階層をさらに上げ下げするなど、プライオリティの調整が必要になる場合があります。Wordでは、**「ホーム」タブに階層を1段下げる「インデントを増やす」と、同じく1段上げる「インデントを減らす」ボタン**があります。必要に応じてこれらをクリックして、階層を上げ下げしましょう。

箇条書きは2〜4個

見出しに番号を振って流れがわかりやすいようにする。

1. 議題
・自社新商品の企画案がなかなか出ず、売り出された商品の売り上げも伸び悩んでいることから、解決策を考える
・市場での売上高が減少傾向にあるため、案を考える

2. 提案内容
・新企画に関して部署問わず社内コンペを実施し、より広い意見やアイデアに触れる
・思い切って新しい市場に参入する
・若者が好むような要素を増やしてみる

それ以上の場合

1. 議題
・自社新商品の企画案がなかなか出ず、売り出された商品の売り上げも伸び悩んでいることから、解決策を考える
・市場での売上高が減少傾向にあるため、案を考える

2. 提案内容
・新企画に関して部署問わず社内コンペを実施し、より広い意見やアイデアに触れる
・思い切って新しい市場に参入する
・若者が好むような要素を増やしてみる
　　▼若者に届くよう、SNSを使ってプロモーション活動をする
　　▼若者に人気のインフルエンサーとのタイアップ企画を組む

このように、一つの要素にさらに付け足しがある場合は、箇条書きのパターンを変えて「若者が好むような要素を増やしてみる」という一文をさらに深く掘り下げていることが伝わりやすいように工夫する。

Point

☑ 箇条書きは一つの内容に項目2〜4個が理想
☑ 項目数が多くなるときは階層化する
☑ Wordはワンクリックで階層の上げ下げが可能

社外の人に社内の人の話をするときは要注意

「社会人になって最初につまずくのは敬語の使い方」という方も多いでしょう。特に取引先や顧客など社外の人に、社内の人の話をするときは要注意。尊敬語と謙譲語が入り混じらないよう、敬語を正しく使う必要があります。

社外の人との会話で、社内の人に敬称をつけて呼ぶのはマナー違反です。たとえ上司であっても、社外の人を相手にするときは自分の身内。「担当の○○は」「当社の代表の○○は」というように敬称をつけずに呼びましょう。

また、社外の人から伝言を預かり「○○にお伝えします」という人がいますがこれも NG。これでは社内の人を立てていることになります。「○○に申し伝えます」と相手を高める言葉遣いが正解です。

社外の人と話をするとき注意すべき敬語

NG		OK
○○さん、○○社長	➡	○○(姓のみ)、社長の○○(姓＋役職名)
(お客様が)いらっしゃる	➡	お見えになる
(社内の者に)お伝えする	➡	申し伝える
(上司の在席確認をされ)○○はいらっしゃいます	➡	○○はおります
(メールや資料を)拝見されましたか	➡	ご覧いただけましたか
(社内の人から用件を)伺っております	➡	聞いております

第 4 章

\ 実例から学ぶ① /

用途別の
社内文書

社内文書と社外文書の2つがあるビジネス文書。
ここでは、社内で共有するための文書の特徴と
作成ポイントを用途別に紹介していきます。現
代でもよく使われている文書の事例をそろえて
いるので、知りたい文書から優先して読むこと
もできます。

業務報告書の書き方

● 業務報告とは？

業務報告は日々の業務の経過、結果を上司に伝えるものです。日報、週報、月報など、提出の頻度で分類して日々の業務を報告するもののほかに、出張や研修、講習参加など、細かくジャンル分けされています。業務報告書では、**日々の業務内容や成果、反省点などを客観的に分析する姿勢**が求められます。

● 今後の方針を決定する材料になる

さまざまな業務報告は、**上司が部署の全容を把握して改善すべき箇所を洗い出し、今後の方針を決定していくための材料**になります。一方、業務報告を提出する部下も、報告をする過程で、自らの仕事を冷静に振り返る機会になり、改めて自身の仕事を上司にアピールすることもできます。

● 客観的な姿勢を心がけ、適切な距離感を持つ

作成する際は事実を正確に記す必要があります。客観的事実の記載と自身の意見は、明確に区別して記しましょう。習慣化するためにも、就業後などの一定の時間をあらかじめ確保しておくとよいかもしれません。しかし、**報告する人の文章力や報告文書を確認する人によって伝わり方が異なってくる**のも事実です。日々の業務内容を把握、分析できる業務報告書ですが、報告する側も確認する側も主観を入れず、適切な距離感で作成・確認することが大切です。

日報なので、その日の業務内容を正確に記入する必要がある。そのため、作成日と部署、氏名を正式名称で記入する。

その日の業務内容を、時系列で細かく書く。

業務日報

作成日	2023/5/25
部署	経理部
氏名	田中太郎

本日の業務		
時間		業務内容
9	00	朝清掃
9	30	5月分領収書の整理
11	00	売り上げ管理
13	45	納品物整理
15	00	社内備品発注
16	15	営業部から領収書受け取り
16	30	追加領収書の整理
17	00	退勤

指示対応			
内容	依頼者	〆切	進捗
社内備品の確認	××部長	本日中	備品発注まで完了

特記事項
特になし。

誰かに指示を出された業務は、誰にどんな内容で指示を出されたのかを正確に記入する。遅れが出てしまう場合は、進捗の欄にその旨を記入する。

特記事項には、気になる点や、不安な点など、日報を確認する人に向けた連絡事項を記入する。

Point

☑ 業務報告は今後の方針を決める材料になる
☑ 自身の仕事をアピールするチャンスになる
☑ 客観的な記入を心がけ、適切な距離感を持つ

業務週報は、1週間の業務内容をまとめて記入する報告文書です。日報に比べて詳細を細かく記す必要はありませんが、1週間分の業務内容を覚えておく必要があるので、メモをとったりして対策しましょう。

ざっくりとその日の業務内容を記入する。どんな業務だったのか、簡潔な文章で書く。

備考欄には、詳しい業務の内容を記入する。

業務週報

所属　人事部　　　　　　　　　　　　　　　　提出日　2023/5/26
氏名　田中太郎

期間		2023　年　5　月　22　日　～　2023　年　5　月　26　日	
日付	曜日	業務内容	備考
5月22日	月	自社商品一般アンケート集計	××店で行った先週末締め切りの商品「○○」に関しての消費者レビューアンケート　回答数：256件→広報・企画開発部に共有
5月23日	火	クールビズに向けての社内アンケート作成	5月末締めで簡単な4択アンケート　今年度から導入のクールビズでの服装決定に向けて
5月24日	水	全国の営業支部の一斉業務調査に向けての準備	アンケートの用意、各支部の口コミ調査、社内トラブルの有無　など
5月25日	木	新店開業に向けての打ち合わせ	オープンイベントの取り決めなど
5月26日	金	2025年度新入社員採用試験、エントリーシート締め切り　午前着までのESまとめる	面接担当者への受け渡しまで済んでいる
今週の反省			
来週稼働予定の業務に向けての準備作業が多く、時間配分が思うようにできなかった。今週の反省を踏まえて、来週から余裕を持ったスケジュールを組んでいきたい			
来週の予定			
ES通過者へ通過連絡、面接日時の取り決め、社内アンケートの集計、営業支部調査始動			

今週の反省は、例のようにどんな点を反省したか、その反省を今後どう活かしていくかを簡潔に記入する。

来週の予定は今週の予定をよく見ながら組んでいく。

業務月報

業務月報では、1カ月の業務内容のほかに、その月の実績なども書く必要があります。営業職であれば、具体的な数字が必要になってくるのであらかじめ準備をしておくようにしましょう。

どの時期にどんな仕事をしていたのかをわかりやすくするために、月を上旬、中旬、下旬と区切る。

来月の業務内容に関しては、上と同じように書くか、業務内容が変わらない場合は、「同上」と省略してもよい。

作成日　2023 年　5 月　31 日

業務月報

部　署	経理部	氏　名	田中太郎

今月の業務内容

上旬：4月の取引に関する会計処理の確認。領収書未着者には連絡済み。
　　　→5月10日完了
中旬：・給与明細発行に向けて源泉徴収の確認
　　　・有給消化率の確認
　　　・領収書随時回収
下旬：・給料明細発行
　　　・社会保険料の計算

来月の業務内容

今月と大きな違いはなし。
・来月末から育休を申請している社員がいるので、手続きを6月20日までに行う。

課題・報告事項

・業務自体はいつも通り問題なく遂行できた。
・領収書の回収が営業部など外回りの仕事に出ている人の分に遅れが目立つので期日までの回収に向けて経理部提出書類の回収ボックスを各部署に配置したいと考えている。
　→来月提案書提出予定

課題・報告事項では、今月の成果・実績を報告する。例では領収書の回収が少し遅れてしまったことの改善点が挙げられている。

営業職の人必見!
営業報告書の書き方

● 営業報告の目的と方法

営業報告は、チームで情報を共有するために欠かせないものです。この営業報告をもとに、**現状の課題を明確にし、今後の対策を練れば、チームの強化につながります**。また記録に残していくことで、自身の成長を振り返ることもできます。報告は口頭だけだと伝達ミスも起こるので、しっかり証拠として文書に残しましょう。

● 営業報告書に最低限必要なこと

記入すべき基本事項は、「いつ」「どこで」「誰と」「誰が」「何を」という情報です。具体的には訪問した日時と訪問先、先方の担当者と自社の担当者は誰か、そして具体的な営業の内容です。今後の方針にも大きな影響を与える報告書なので、ミスなく正しい情報を書き込むことを心がけましょう。

● 営業報告を具体的に書くために必要なこと

営業報告書は後日、別の営業担当者が営業先に訪問した場合でも、先方と話がかみ合うように情報を記しておくことが重要です。「いつ」「どこで」「誰と」「誰が」「何を」という基本情報以外にも、実際に行った営業の内容と、説明をした際の先方の反応、得られた情報、条件の交渉についても**数値を含めた具体的な内容を記入**しましょう。これらの具体的な情報が、チーム内でしっかりと共有されていると、先方もよい印象を持ってくれます。

営業に関する報告書なので、どこに営業をかけどんな進捗が
あったのかを細かく記入する。今後どのように進めていくかも
追加で記入すればよりわかりやすくなる。

営業日報

日時	2023/5/26	部署	営業2課	氏名	田中太郎

検印	検印	検印

NO	時間	訪問先	面談者	内容
1	9:00	○○様宅	○○××様	5月23日にリフォームの問い合わせあり。キッチンとバスルームとのことだったので、プランBを提案。契約成立。5月末までに見積書を提出予定。
2	14:00	○○様宅	○○△△様	飛び込み。リフォームに関して興味があるのは玄関とのこと。資料請求済み。来訪予定あり。
3	16:00	株式会社○○	○○□□様	見積書提出済み。社内一斉リフォームで契約済み。パース、平面図をもとに最終打ち合わせ。

特記事項 - 問題点、成果、今後の対応など
・飛び込みで営業に行った○○△△様が、玄関周りのリフォームに前向きで、来週資料
　持参のうえもう一度伺う予定です。
　本日のヒアリングをもとに数社分の見積書の例も持参し、契約に繋がるよう努めてい
　きます。
・株式会社○○様ですが、追加オーダーがありました。現状の予算で考えると厳しい条
　件となっているため、一度相談したく存じます。

特記事項には、営業での成果や追加で発生した問題などを記入す
る。追加事案に関して、自分一人で解決するのが厳しいと感じた
ら、その旨を記入し、上司に相談する。

Point
☑ 課題を明確にすることで**チームの強化**につながる
☑ 基本的な情報は**必ず記入する**
☑ 具体的な**情報の共有**で先方の印象もアップ

営業週報は、業務週報の営業版です。ただ、その週の成果を1枚にまとめるので具体的な成果を示す数字などが必要になってきます。また、その週の目標を記載することで、目標達成に向けてのプランが明確になります。

簡単な訪問先の時間と、内容を対になるように記入する。日報を毎日記入している人は、それをもとに作成してもよい。

営業週報

部署　営業2課
氏名　田中太郎

日付	訪問先	内容
5月22日	・○○会社様　10：00〜 ・○○様宅　14：30〜 ・○○会館様　16：00〜	・○○会社様よりリフォームの相談あり。500万円で契約成立。 ・○○様宅へ飛び込み営業。老朽化は気になるが生活はできるからと契約はなし。 ・○○会館様に見積書を持参。条件と合わず白紙に。
5月23日	訪問予定なし。 テレアポ目標100件	テレアポ：114件達成。 うち、資料送付は69件 打ち合わせ予定決定は3件
5月24日	・株式会社××様　11：00〜 ・株式会社□様　13：00〜 （テレアポから打ち合わせ）	・株式会社××様へトイレリフォームの打診。 →ビル内すべてで700万円で契約成立。 ・株式会社□様　テレアポから喫煙所の設置へ→300万円で契約成立。
5月25日	訪問予定なし。 テレアポでつながった企業に営業打診。	・資料送付の69件のうち、新たに2社打ち合わせ決定。 　5月末に1社、6月頭に1社。
5月26日	・○○様　9：00〜 ・○○様　14：00〜（新規） ・株式会社○○様　16：00〜	元々決まっていた打ち合わせ2件と新規で飛び込み営業1件 飛び込みは契約には至っていないが、好感触

備考
5月22日〜5月26日の売り上げ目標金額：1000万円
5月22日〜5月26日の売り上げ金額：1500万円
新規の営業先で契約が取れ、目標よりも500万円売り上げをつくることができた。
しかし、好感触だったところから「○○さんのほうが条件がいい」と言われ契約が取れなかったので予算に見合った提案ができるよう、自社の強みや魅力を引き出すアプローチ方法を考えていきたい。

備考欄には、成果と反省点だけでなく、今週の売上目標高と実績の売上高を記入する。目標を下回ってしまった場合はどうして下回ったのか分析するとよい。

営業月報では、細かく目標を設定し、その目標をどれだけ遂行できたかを記入する必要があります。来月の目標を設定する基準になる大切な文書なので、しっかりと数字を把握しておきましょう。

目標と成果を数字で比べることで、何が足りないのかを俯瞰して見ることができる。

今月の目標は、懸念点をどう克服していくか、個人的にどこに重点を置くかを記入する。

営業月報

報告日：2023/5/31
所　属：営業部
氏　名：田中太郎

2023　年　5月度

	訪問数	面談数	見積り数	契約数	売上
目標	90	45	45	20	¥2,000,000
実績	85	37	35	15	¥1,500,000
差異	-5	-8	-10	-5	¥-500,000
達成率	94.4%	82.2%	77.8%	75.0%	75.0%

今月の目標
閑散期のため、今月は前月よりも契約数が減ると予想されるが、訪問数を増やすことで対処する。
また、営業資料の見直しにより契約率を5%以上上げることが目標。

今月の課題・反省点
営業場所を○○地域に絞ることで訪問数は前月よりも10%上がったが、面談数が思った以上に増えなかった。
見積り数は先月よりも12%ほど多くなっているので、面談数を上げることが今後の課題になる。

来月の目標
資料の見直しにより、契約数は上がっているので面談数を10%以上上げることが目標。
直での面談依頼の前にDMやメールでアポイントを取った方がワンクッションあって成果が出ると思われる。

特記事項
特になし

部長	課長	主任

目標に対して何がプラスに作用し、何がマイナスに作用したかを分析する。分析をもとに今後の課題を抽出する。

今月の成果や反省点を踏まえて来月の目標を設定する。

はじめての出張で困らない！
出張報告書のポイント

● 出張先での仕事をチームで共有

　出張報告書とは、**担当者が出張先で行った業務の内容を社内に伝え、チームに共有するもの**です。具体的には出張の目的、出張した期間と日時、出張した際の実際のスケジュール、出張先で行った業務、出張で使われた費用に加えて、担当者が出張して感じた雰囲気や取引先の印象なども報告書に記入します。

● 出張報告書の書き方のコツ

　出張中は、「報告書を書かなければいけない」ということを常に意識しましょう。忘れないように**行動歴や、そのときに実際に気づき感じたことをメモに残して**おけば、報告書の作成がスムーズに進むはずです。また、記憶が鮮明なうちに、すぐ作成に取りかかることで、より詳細な報告書を作成することができます。

● 担当者と会社側は出張報告書で情報を得る

　出張の担当者は、実際の出張中は普段と違う環境のなかで、めまぐるしい日程をこなす必要があります。そこで、報告書を作成する過程で、**「今回の出張は目的を十分に果たすことができたのか」「出張して得られたものは何だったのか」などを整理**して冷静に振り返ることで、業務の課題を洗い出せるのです。一方会社は、報告書により出張での具体的な成果や費用が明らかになるので、「今回の出張ではどんな収穫があったのか」が明確になり、今後の業務に活かすことができます。

出張報告書

出張報告書では、どこに何の目的で行き、どんな成果が得られたのかを明確に報告する必要があります。

出張先、期間、目的を細かく書く。出張報告書の提出は、出張日から日が浅いうちに提出する。

訪問した場所と、どんなことをしたのかを箇条書きで書く。漏れがないようメモをとっておく。

進んでいる案件の進捗や新たに決まったこと、反省点がある場合はそれを記入する。

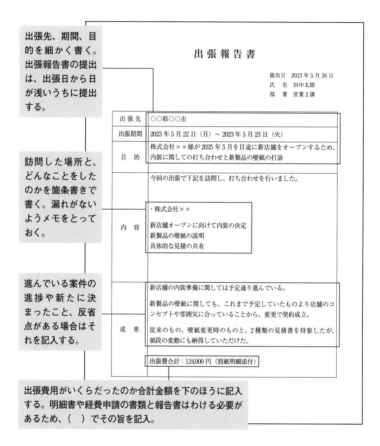

出　張　報　告　書

提出日　2023 年 5 月 26 日
氏　名　田中太郎
部　署　営業 2 課

出 張 先	○○県○○市
出張期間	2023 年 5 月 22 日（月）〜 2023 年 5 月 23 日（火）
目　的	株式会社××様が 2025 年 5 月を目途に新店舗をオープンするため、内装に関しての打ち合わせと新製品の壁紙の打診
内　容	今回の出張で下記を訪問し、打ち合わせを行いました。 ・株式会社×× 新店舗オープンに向けて内装の決定 新製品の壁紙の説明 具体的な見積の共有
成　果	新店舗の内装準備に関しては予定通り進んでいる。 新製品の壁紙に関しても、これまで予定していたものより店舗のコンセプトや雰囲気に合っていることから、変更で契約成立。 従来のもの、壁紙変更時のものと、2 種類の見積書を持参したが、値段の変動にも納得していただけた。 出張費合計：124,000 円（別紙明細添付）

出張費用がいくらだったのか合計金額を下のほうに記入する。明細書や経費申請の書類と報告書はわける必要があるため、（　　）でその旨を記入。

Point
- ☑ 基本事項に加え、**担当者が感じたことも記入**
- ☑ 出張中はメモを残し、**記憶が鮮明なうち**に作成する
- ☑ 出張報告書から**成果と費用を分析**する

顧客からクレームが来たら クレーム報告書で社内共有を

● クレーム報告書で大切なこと

クレームを受けた場合、報告書を作成して、社内で共有する必要があります。たとえ、理不尽に感じるようなクレームであっても、**相手が何を伝えたいのかをまとめて報告をしましょう**。報告書によって情報が共有されれば、あとで社内で一貫した対応をすることができるようになり、問題解決に努めやすくなります。

● 「対応策」「改善案」「発生原因」も記入

実際のクレームが「どんな内容」なのか、そして、**「どのように対応したのか」をわかりやすく、そして具体的な数値を使って**記します。場合によっては対応策や改善案、発生原因なども添えて提出をしましょう。また、製品に関してのクレームであるならば、相手の情報も盛り込むことで、今後の開発業務に活かすことができます。

● 絶対にあってはならない「嘘」がある報告

クレーム報告書作成において、絶対にあってはならないことは「嘘」があること。クレームの内容はゆがめず、事実を隠すことなく、正確に記しましょう。また、緊急性のある重大なものや、対応が遅れると事態がより深刻になることが想像できるケースでは、クレームへの対応がすべて完了していなくとも、とりあえず事実を周知させる第1報の報告書を作成、そのあと、続けて経過を報告する第2報、第3報を提出するなど、**臨機応変に対応**をすべきです。

会社のどんなところが原因でクレームがあったのかを記入する。また、クレームを受けたらその日のうちに社内で共有する。

クレームの内容を細かく記入する。お客様からのクレームに対してどのように対応したのかを書く。

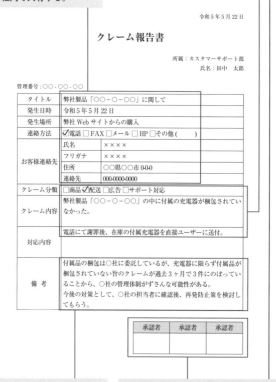

令和5年5月22日

クレーム報告書

所属：カスタマーサポート部
氏名：田中　太郎

管理番号：○○-○○-○○

タイトル	弊社製品「○○-○-○○」に関して
発生日時	令和5年5月22日
発生場所	弊社Webサイトからの購入
連絡方法	☑電話 □FAX □メール □HP □その他（　　　）
お客様連絡先	氏名　　　××××
	フリガナ　××××
	住所　　　○○県○○市 0-0-0
	連絡先　　000-0000-0000
クレーム分類	□商品 ☑配送 □広告 □サポート対応
クレーム内容	弊社製品「○○-○-○○」の中に付属の充電器が梱包されていなかった。
対応内容	電話にて謝罪後、在庫の付属充電器を直接ユーザーに送付。
備　考	付属品の梱包は○社に委託しているが、充電器に限らず付属品が梱包されていない旨のクレームが過去3ヶ月で3件にのぼっていることから、○社の管理体制がずさんな可能性がある。今後の対策として、○社の担当者に確認後、再発防止策を検討してもらう。

承認者	承認者	承認者

クレームが発生してしまった理由を分析し、今後の対策を記入する。

社内でしっかりと共有された証拠を残すため、承認者からの印鑑をもらう。

Point

☑ クレームの内容とその対応を**具体的**に記す
☑ **クレーム相手の情報**も盛り込む
☑ 緊急事態では**臨機応変**に対応

詫び状の大切さ

詫び状は、社外に出すものですがクレームとはセットになることが多いのでここでポイントを押さえておきましょう。詫び状の作成までスムーズにできれば上司に褒められること間違いなしです。

詫び状で伝えること	詫び状の注意点
・自社でのミスや失礼に対する謝罪をする ・ミスの原因がある場合は正直に記入する ・弁明がある場合は短文で伝える ・今後の対策を明確に記入する	・ミスが発覚したらすぐに送る ・弁明が言い訳にならないように注意する ・ミスをあいまいにごまかさない ・重大なミスは詫び状ではなく直接謝罪する

●詫び状で迅速に対応を

お詫びの文章や謝罪文を書いた手紙を詫び状といいます。具体的に詫びる内容としては、サービスの不手際、日時の変更や延期、クレームなどになります。**詫び状を出さなければいけない事態が生じた場合は、迅速に対応することが重要**です。小手先のごまかしや小細工などで事態を切り抜けようとすると、さらなる悪化を招くことになります。

●同じ過ちを繰り返さないことを誓う

ミスをしっかりと認め、同じ過ちを繰り返さないことを誓うことが重要です。まずはミス、トラブル、変更点などの具体的な内容を記して、お詫びの言葉を述べましょう。自分たちの至らなかった点を明確にすることで強い問題意識を持っていることが伝わります。また今後について「変わらぬお付き合い」をお願いする一文も入れましょう。

•詫び状を書く際の注意点とは？

　現状で伝えられる範囲の再発防止対策を提示しましょう。先方に誠意を持って対応していると感じてもらうことができます。差出人は事態の大きさによって、担当社員、部署の責任者、社長など変える必要があります。また、**書き出しには時候の挨拶を入れるのが一般的ですが、詫び状の場合は不要**です。手書きで丁寧に作成することが理想ですが、多数の相手に送付する必要がある場合は、パソコンで作成をします。また緊急の場合は、送付前に電話で謝罪してから詫び状を送ることも検討しましょう。

詫び状のポイント

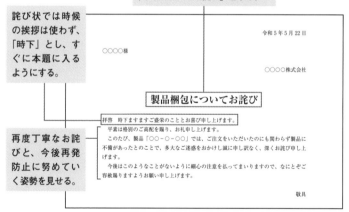

詫び状のタイトルは基本的に「〇〇についてお詫び」とする。

詫び状では時候の挨拶は使わず、「時下」とし、すぐに本題に入るようにする。

令和5年5月22日

〇〇〇〇様

〇〇〇〇株式会社

製品梱包についてお詫び

拝啓　時下ますますご盛栄のこととお喜び申し上げます。

　平素は格別のご高配を賜り、お礼申し上げます。

　このたび、製品「〇〇-〇-〇〇」では、ご注文をいただいたのにも関わらず製品に不備があったとのことで、多大なご迷惑をおかけし誠に申し訳なく、深くお詫び申し上げます。

　今後はこのようなことがないように細心の注意を払ってまいりますので、なにとぞご容赦賜りますようお願い申し上げます。

敬具

再度丁寧なお詫びと、今後再発防止に努めていく姿勢を見せる。

Point

☑ 問題が起きた場合は、ごまかさずに詫び状を出す
☑ 自分たちが至らなかった点を明確にする
☑ 緊急の場合は、まず電話で謝罪をする

業務で事故を起こしてしまったら事故報告書を書こう

● 労働基準監督署への報告を忘れずに

職場で特定の機械の事故や爆発、火災などがあった場合や労働災害でなくとも労働者が就業中に負傷、死亡、または休業をすることになった場合は、**労働基準監督署へ報告**しなければいけません。これらは労働安全衛生規則で定められていることですので、虚偽の報告を行うなどすれば犯罪行為となります。

● 再発防止と関係者への説明のために

法令を遵守するために書かなければいけない事故報告書ですが、ほかにも目的があります。まず、同様の**事故の再発を防止するための貴重な資料**になります。担当者や担当部署だけでなく、全従業員が報告書に目を通して事故の詳細を共有しましょう。また、事故に遭った方の家族に経緯を説明する際、速やかに対応するためにも必要です。

● 事故報告書作成の必要事項と注意点

事故報告書は担当者だけのために作成するものではありません。担当部署以外も確認をするほか、従業員や事故に遭った方やその家族に説明する際も使われます。誰が読んでも全容が把握できる報告書でなくてはいけません。発生日時や場所、事故の経緯や原因、受傷の程度など、基本的な事故の発生状況は必ず記します。また、専門用語などは使わず、誰でも読めるように記入するほか、再発防止のために**事故に至った原因究明と問題点、さらに再発防止案も記入**をします。

事故報告書

仕事中の事故というのは頻繁に起こるものではありません。しかし、起こってしまったら報告文書を書く必要があるので、ポイントを押さえておきましょう。

発生日時、発生場所、被災者の情報を詳しく記入する。実際に作成するときは会社のフォーマットに従う。

被害の情報を詳しく記入する。どのようにして事故が起きたか、ケガをした場合はケガの箇所を。入院や休暇が必要な場合は日数を記入する。

どうしてこのような事故が起きてしまったのか、原因や再発防止策を記入する。

令和 5 年 5 月 23 日

○○工場長 ○○○○様

田中太郎

業務事故報告書

1．発生日時：	令和5年5月15日（月）午前10時30分ごろ		
2．発生場所：	○○工場		
被災者	所属部署		氏名	田中太郎
	生年月日	1997/5/5	勤続年数	3年
傷害部位・傷病名	右腕骨折		
災害程度	入院3日、通院10日 5日間の休業		
災害発生状況	○○工場内で、機器を移動中に棚の上の機材が落下しはずみで右腕が機器の下敷きになった。		
災害原因	棚の上が整理整頓されておらず、その整理義務を怠っていたため。		
今後の対策：	不要なものは破棄し、棚に不要なものを置かない。また常に整理整頓に努める。		
特記事項			

Point

☑ 事故の報告は**法令**で定められている
☑ 事故の情報は**全従業員が共有**をする
☑ 基本事項を記し、極力、**専門用語を使わず**に書く

会社でミスをしてしまった！始末書の目的と作成のポイント

● 反省を示すための始末書

　始末書は、自らの失敗で会社に損害を与えた場合、また社内規則の違反を行った際や迷惑行為をしてしまったときに、上司や組織のトップへ向け、**反省の態度を示すために書く社内文書**です。基本的には上司からの指示で書くものになります。また、個人として書く場合だけでなく、業務を監督する立場のものが、代表して書くこともあります。

● 具体的な行為と謝罪を記載する

　自らのミスや違反行為を反省して、**二度と同じ間違いを繰り返さない決意を示す**ことが始末書の目的です。そのために、具体的な行為の詳細、原因、そして謝罪と反省を記し、最後には、今後へ向けての決意を示す必要があります。何よりも大事なことは、反省の気持ちが伝わる始末書になっていることです。

● 箇条書き、長々とした弁解はNG

「です・ます」調で丁寧に書き、箇条書きは禁止です。手書きなのかパソコンで書くのかは組織によって違いますが、ｅメールやＦＡＸで送るのはＮＧです。始末書の場合、確実に反省の意を示す意味でも、これらの形式はとても重要なので、社内の決まりを確認しましょう。もちろん、事実を隠蔽したり、ゆがめたり、過小に申告したりすることがあっては絶対にいけません。**事実を正直に正確に書きましょう。**長々と言い訳をするのも、印象がよいとはいえませんので、注意が必要です。

始末書が必要なとき

会社で大きなミスをしたとき

会社の規律に違反したとき

外部に多大な迷惑をかけたとき

謝罪

※始末書は個人的な反省というよりも、自分の行動で会社・組織に迷惑がかかってしまったときに作成する傾向がある

始末書

社内での始末書は会社からの貸与品（パソコンなどの電子機器）の紛失や破損、遅刻や無断欠勤などをしてしまったときに作成します。

始末書には、自分の名前の横に捺印をする。会社に一つ印鑑を常備しておくとよい。

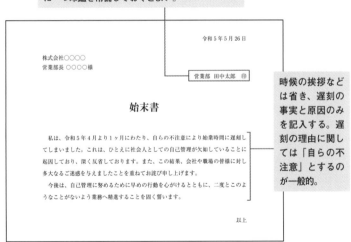

令和5年5月26日

株式会社○○○○
営業部長　○○○○様

営業部　田中太郎　㊞

始末書

　私は、令和5年4月より1ヶ月にわたり、自らの不注意により始業時間に遅刻してしまいました。これは、ひとえに社会人としての自己管理が欠如していることに起因しており、深く反省しております。また、この結果、会社や職場の皆様に対し多大なるご迷惑を与えましたことを重ねてお詫び申し上げます。
　今後は、自己管理に努めるために早めの行動を心がけるとともに、二度とこのようなことがないよう業務へ精進することを固く誓います。

以上

時候の挨拶などは省き、遅刻の事実と原因のみを記入する。遅刻の理由に関しては「自らの不注意」とするのが一般的。

Point

☑ 業務上のミスや規則違反があった場合に書く

☑ 反省と決意をしっかりと伝える

☑ 事実を隠しゆがめること、長々とした言い訳はNG

稟議書って
どういうときに使う文書?

● 重要事項の決定のために必要な稟議書

稟議書（りんぎしょ）は、複数の上司に回覧して、決定者から業務の承認を求める
ものです。具体的には、備品や資料の購入、業務としてイベントやセ
ミナーへの参加、アルバイト採用、広告出稿などが想定されますが、
基本的には **「自分一人だけでは決定しきれない大きな事案」** に対して、
多く活用されます。

● 稟議書に記載すべき情報

必要な項目は、稟議すべき事項の費用、目的、メリットです。これ
らが最低限、記載をされていないと決定者も判断をすることが困難と
なり、再度、書き直すことを求められてしまいます。また提出日と決
裁日も記します。ほかにも **決定者が知りたいだろうと想定される情報
は事前に洗い出し、記載** をしましょう。

● 稟議書を通すためのコツとは?

費用はしっかりと正確な情報を調べてから記載しましょう。承認後
に費用が変更となれば、改めて稟議書を提出し直すことになり、承認
をする上司にも手間をかけてしまいます。ほかに詳細を説明したい場
合は別途、添付資料を作成します。基本的に決定者は上司のはずです
ので、「です・ます」調で失礼のない文章を心がけます。文章を作成す
る段階から、**事前に決定者へ口頭で稟議の内容の説明をしておくと、**
スムーズでしょう。

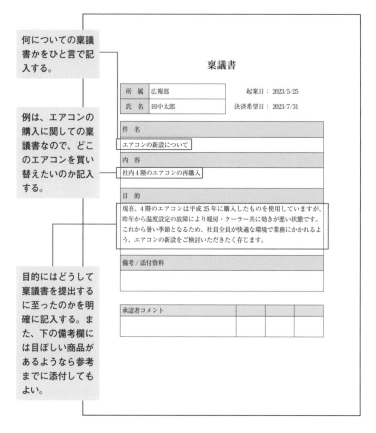

稟議書

稟議書は、社内で検討してほしい希望を記入し提出するものです。一例では歓迎会や送別会の開催を打診するものや、社内備品の購入を打診するものなどがあります。

何についての稟議書かをひと言で記入する。

例は、エアコンの購入に関しての稟議書なので、どこのエアコンを買い替えたいのか記入する。

目的にはどうして稟議書を提出するに至ったのかを明確に記入する。また、下の備考欄には目ぼしい商品があるようなら参考までに添付してもよい。

稟議書

| 所 属 | 広報部 | 起案日： 2023/5/25 |
| 氏 名 | 田中太郎 | 決済希望日： 2023/7/31 |

件 名

エアコンの新設について

内 容

社内4階のエアコンの再購入

目 的

現在、4階のエアコンは平成25年に購入したものを使用していますが、昨年から温度設定の故障により暖房・クーラー共に効きが悪い状態です。これから暑い季節となるため、社員全員が快適な環境で業務にかかれるよう、エアコンの新設をご検討いただきたく存じます。

備考／添付資料

| 承認者コメント | | | |

Point

☑ 稟議書は決定者から**業務の承認**を得るもの
☑ 費用、目的、メリットは**必ず**記載する
☑ **事前に**決定者へ説明をする

会社をよくするための提案書の書き方

● よりよく仕事をするために提案書を作成

提案書とは、自分や周囲の従業員、そして会社組織がより**よい環境で仕事をするために、直属の上司や経営のトップに向けて提案**をする際に必要なものです。具体的には、社内レイアウト、社内でのコミュニケーションを活発にする方法、文書の管理、情報の共有方法などの改善策を提案したいときに提出をします。

● メリットを示して提案内容を説明

提案したことが実行された場合、どんなメリットがあるのかを明確に提示しましょう。そのために、**まず現在の状態と課題を洗い出し、具体的な内容を説明**します。そして、実行された際の効果を示します。さらに過去の成功事例や他社での成功事例を紹介することで、提案が受け入れやすくなるでしょう。

● 提案書を作成する際の注意点

提案内容は自分を含む周囲の従業員や組織のためのものにしましょう。**提案した内容が実行された際のイメージを持ってもらうことも重要**です。そのために、客観的な裏付けのためのデータを、グラフやチャートを使って説明をしましょう。また、イメージ図を示すことで、よりわかりやすくなるでしょう。難しい表現、専門用語、横文字のビジネス用語を使うことも避けましょう。提案内容を相手にわかりやすく説明をすることが重要です。

提案書

提案書は、仕事の質を上げるための環境改善や業務内容の変更などを打診する文書です。決定すれば経費がかかるような稟議書とは別なので注意しましょう。

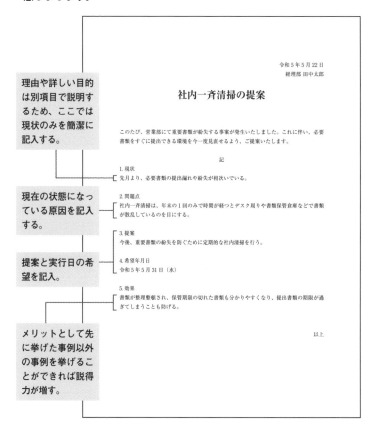

理由や詳しい目的は別項目で説明するため、ここでは現状のみを簡潔に記入する。

現在の状態になっている原因を記入する。

提案と実行日の希望を記入。

メリットとして先に挙げた事例以外の事例を挙げることができれば説得力が増す。

令和5年5月22日
経理部 田中太郎

社内一斉清掃の提案

このたび、営業部にて重要書類が紛失する事案が発生いたしました。これに伴い、必要書類をすぐに提出できる環境を今一度見直せるよう、ご提案いたします。

記

1. 現状
先月より、必要書類の提出漏れや紛失が相次いでいる。

2. 問題点
社内一斉清掃は、年末の1回のみで時間が経つとデスク周りや書類保管倉庫などで書類が散乱しているのを目にする。

3. 提案
今後、重要書類の紛失を防ぐために定期的な社内清掃を行う。

4. 希望年月日
令和5年5月31日（水）

5. 効果
書類が整理整頓され、保管期限の切れた書類も分かりやすくなり、提出書類の期限が過ぎてしまうことも防げる。

以上

Point
- ☑ **メリット**を明確に示す
- ☑ **個人的な利益だけ**のための提案はしない
- ☑ **実行された場合の**イメージを持ってもらう内容にする

通りやすくなる企画書の作り方

●企画書を使ってアイデアを実現へ

　新規のプロジェクトや新商品など、**頭のなかにアイデアがあるだけでは、それは存在していない**ことと同じです。実現したいと考えたアイデアを通すため、会社の上司に提案するための文書が企画書です。企画書を提出し、上司や会社の許可を得ることで、アイデアが「計画」から「実現」へと動き出すことになります。

●企画書を書くうえで押さえるべき3つのポイント

　優れた企画書とは、3つの要素が充実しています。まず、現状の会社や業界での課題を分析して、そこからアプローチをします。これは企画の動機になります。また提案した理由を明確に示します。提案理由は課題に絡めて説明しましょう。このとき、提案内容は具体的にわかりやすく書くことを意識しましょう。

企画書に必要な要素

課題	会社や業界、情勢などさまざまな現状と問題点をまずはじめに企画書にまとめる
提案	「課題でまとめた現状と課題を解決するため」という流れをつくったうえで企画を提案すると、企画の提案理由がわかりやすくなる
理由	課題をふまえて、どうしてこの企画を提案するのかをまとめる。提案内容の補足というイメージで、数字やグラフなど、具体的な資料をもとに作成すると説得力が増す

● 提案を通すために必要な企画書のコツ

　企画書を充実させるためには、さまざまなテクニックがあります。まず、何よりも意識すべきはタイトル。このタイトルで、上司をうならせることができれば、提案も前向きに検討してもらえる可能性がより高くなります。また、提案内容のなかでも、費用に関しては、具体的に細かく検討をして記しましょう。実際に提案が実行された際、想定以上の費用がかかってしまうと信用を落とすことになります。また、文面に盛り込まなくとも、**提案する企画の問題点や弱点、さらにはそれらの対応策も事前にしっかりと検討**をしておきましょう。

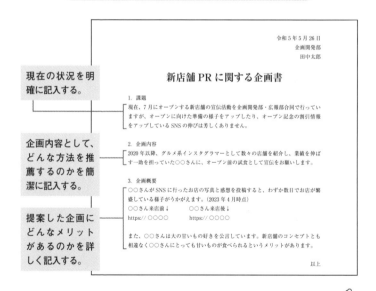

企画書

現在の状況を明確に記入する。

企画内容として、どんな方法を推薦するのかを簡潔に記入する。

提案した企画にどんなメリットがあるのかを詳しく記入する。

令和5年5月26日
企画開発部
田中太郎

新店舗 PR に関する企画書

1. 課題
現在、7月にオープンする新店舗の宣伝活動を企画開発部・広報部合同で行っていますが、オープンに向けた準備の様子をアップしたり、オープン記念の割引情報をアップしている SNS の伸びは芳しくありません。

2. 企画内容
2020年以降、グルメ系インスタグラマーとして数々の店舗を紹介し、業績を伸ばす一助を担っていた○○さんに、オープン前の試食として宣伝をお願いします。

3. 企画概要
○○さんが SNS に行ったお店のお写真と感想を投稿すると、わずか数日でお店が繁盛している様子がうかがえます。(2023年4月時点)
○○さん来店前↓　　　　○○さん来店後↓
https://○○○○　　　　https://○○○○

また、○○さんは大の甘いもの好きを公言しています。新店舗のコンセプトとも相違なく○○さんにとっても甘いものが食べられるというメリットがあります。

以上

Point

☑ アイデアは**積極的**に発信する
☑ **現状の課題に絡めて**企画の提案理由を説明する
☑ タイトルに力を込めて、**内容は具体的に示す**

丁寧さが伝わる
依頼書の書き方

● 社内の"お願い"で使われる依頼書

　社内アンケートや資料提出の依頼など、**社内の業務を円滑にし、業務の効率を上げるために**、社内の担当者に協力を求める文書が依頼書です。特別な事情がない限り、個々の社員へお願いをするのではなく、社員が所属する部署の役職者へ宛てて依頼書の発行をするのが一般的とされています。

● 口頭よりも文書にすべき理由

　社内でのやり取りとなるので、親しい関係の社員であれば、口頭でお願いするほうが、手間が省けると考えることもできます。しかし、**口頭では先方に忘れられてしまう可能性もあり、細かい内容や事情まで理解してもらえない**可能性も。これらは最終的にトラブルにつながるので、やはり文書として記録を残すのがベターです。

● タイトルで用件を把握してもらう

　依頼書は基本的に社内へ向けての文書ですが、社外へ向けて発行する文書と同じように、読み手側への配慮をしっかりと意識しましょう。まず、タイトルで大筋の内容を理解してもらえるようにしておくと、読み手側の負担を減らすことができます。依頼内容は具体的に記載し、**あくまで「お願い」をする文書なので、丁寧な言葉づかいを意識します**。回答がほしい依頼であれば、しっかりと回答書を添付すべきです。この配慮によって回答率は格段にアップします。

依頼書

社内向けの依頼書は、社内の人に協力を求めるときに使用する文書です。
社内で共有するものといっても、お願いする姿勢を忘れてはいけません。

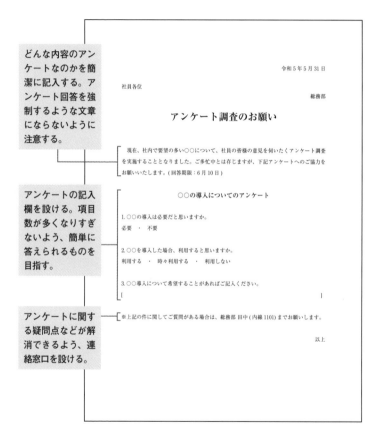

どんな内容のアンケートなのかを簡潔に記入する。アンケート回答を強制するような文章にならないように注意する。

アンケートの記入欄を設ける。項目数が多くなりすぎないよう、簡単に答えられるものを目指す。

アンケートに関する疑問点などが解消できるよう、連絡窓口を設ける。

令和5年5月31日

社員各位

総務部

アンケート調査のお願い

現在、社内で要望の多い○○について、社員の皆様の意見を伺いたくアンケート調査を実施することとなりました。ご多忙中とは存じますが、下記アンケートへのご協力をお願いいたします。(回答期限:6月10日)

○○の導入についてのアンケート

1.○○の導入は必要だと思いますか。
必要　・　不要

2.○○を導入した場合、利用すると思いますか。
利用する　・　時々利用する　・　利用しない

3.○○導入について希望することがあればご記入ください。
[　　　　　　　　　　　　　　　　　　　　　　]

※上記の件に関してご質問がある場合は、総務部 田中(内線1101)までお願いします。

以上

Point

☑ 依頼書は社内の担当者に**協力を求める**文書
☑ 忘れられないためにも**文書にすべき**
☑ 社内向けであっても**読み手側に配慮した**文章に

アフターコロナで増える
飲み会の案内状もこれでバッチリ

● 社内イベントは案内書を作成して告知

　社員飲み会や旅行、社内のサークル活動など、社員の親睦を目的としたイベントは、新型コロナウイルスの影響で開催されにくくなってしまいました。しかし、**社員の親睦のためには貴重な場**となります。これらを従業員に告知するために必要な文書が案内状になります。案内状は、社内全体の従業員や、対象となる社員へ向けて発行されます。

● 社内の親睦をはかる誘いを意識

　業務以外に開催される社内のイベントは、社員の親睦を深めることが目的で実施されます。**社内の親睦が深まれば、チームワークはより強固になる**でしょう。親睦を深めることが目的のイベント案内ですので、堅苦しい文面ではなく、くだけた文章やイラスト、写真を使って、楽しさが感じられるような文体やレイアウトにしてもよいとされています。

● 案内状の書き方は?

　社内の従業員のための会合の場合、すべて「懇親会」という書き方になります。また、基本的なことですが日時、場所はしっかりと確認をして記載します。**社内全体のイベントなのか、所属する部署のイベントなのかは、わかりやすく、明確に記載**します。役職者になると、さまざまな誘いが多くなるので、ほかのイベントと混同されてしまい、ブッキングなどのトラブルになることもあるので、注意をしましょう。

案内状

歓迎会や送別会、忘年会などの社内の飲み会も、アフターコロナを経て徐々に増えてきています。案内状も文書でやりとりされていましたが、最近ではメールでの案内も多いです。

件名（U）　歓迎会のお知らせ

皆さま

お疲れ様です。

この度、新たに入社された3名の歓迎会を下記の通り実施いたします。
部署間の交流、懇親の場となりますので、皆さまのご参加をお待ちしております。

なお、欠席の場合は明日17時までにこちらのメールに返信をお願いいたします。

日時：5月12日（金）18：00～
場所：〇〇酒場（会社から徒歩2分）
会費：3000円
以上

記入事項

出欠の締切	メールの場合、メールの返信にて出欠を募ることがほとんど。いつまでに返信をすればよいのか明記する
日時	いつ、何時に開催するのかを事前に知らせる。これにより、参加者が時間調整をしやすくなる
場所	どこで開催するのか、詳しい位置情報と共に記載する。会社から遠い場所の場合は、地図を一緒に添付するとよい
会費	会費が発生する場合は、いくらかかるのかも明記する。また、その場合いつ回収するのかも情報が必要

Point

☑ 社内イベントの告知は案内状で
☑ 楽しさを感じられる文体やレイアウトでも OK
☑ ほかのイベントと混同されないように注意をする

上司への伝言……　メールでも
メモ書きでもルールは変わらない

● 伝言すべきことは、しっかりとメモ

　電話や来客があった際、担当者が不在の場合は、**実際に対応をした人が伝言メモを作成する必要があります**。不在であることを伝えると、先方から伝言を頼まれることもあれば、自身の判断で伝言すべき内容を聞き出すこともあるでしょう。その際には、伝えるべき内容の要点をメモにして、不在の担当者にしっかりと残しましょう。

● 中途半端なメモはトラブルの元になる

　先方から必ず聞き出さなければいけない情報は、**名前、電話番号やeメールアドレスなどの連絡先**です。これらの基本情報を間違えて残してしまうと、トラブルの元に。重要な顧客との間で、メモのせいでトラブルに発展してしまうと、会社が大きな損害を受けることにもつながります。また、メモには応対日時も記載をしておきましょう。

● 伝言メモの注意点

　5W1Hを意識して、簡潔に箇条書きで記載しましょう。また、伝言メモは手書きで作成することが一般的なので、読み間違いが起きないように丁寧な字で書きます。確実に情報を伝達するためにも、基本的にメモ一枚で対象となる相手は一人です。複数人に同じ内容を伝えたい場合は、それぞれに伝言メモを残さなければいけません。伝えるべき内容の情報漏れなどがないように、専用の伝言メモ用紙を社内で準備しておくと便利です。

W	いつ When	何日の何時に連絡があったのか、日時を明記する
	どこで Where	受付や自席など、伝言を受けた場所を記すとなおよい
	誰が Who	誰からの内容を誰が受けたのか、わかりやすく記す
	何を What	伝言の内容を簡潔に
	なぜ Why	「急ぎだから」「変更があったから」など相手がどうして伝えたかったのかがわかるようにする
H	どのように How	電話を受けたのか、直接伝えに来たのかを伝える

メモの書き方

社内で席を外している人に電話や内線があった場合は、メモを残しましょう。こちらも内容を簡潔に伝えることが重要です。

> ○○部長
> 営業2課の田中さんから内線がありました。
> ○○の件で相談があるそうです。
> 戻られたら折り返しお願いいたします。
> 5月22日　14：25　　　○○

誰から連絡があったのかをひと言で書き記す。

どんな内容だったのかを伝え、急ぎなのかがわかるようにメモに残す。

最後に受けた日時と、受けた自分の名前を記入し、デスクの目立つ場所にメモを置いて伝言の完了。席に戻ったタイミングでひと言伝えるとなおよい。

Point
- ☑ **伝えるべき内容**をしっかりとメモする
- ☑ **基本情報**は間違えないように記載
- ☑ **伝言メモ用紙**を社内で準備するとベター

社内会議や研修内容の記録を 残す議事録の書き方

● 議事録で会議の不参加者も確認が可能に

新商品や販売促進、取締役会など、社内にはさまざまな会議があり ますが、そこで話し合われた内容は議事録として残しましょう。**議事 録は社内会議の備忘録としての役割**があります。会議に出席していな い人も議事録を読めば、どんな内容が話されたかを確認することができ、共有の際の無駄も省けます。

● 特別な意味を持つ議事録とは?

議事録のなかでも、特別な意味を持つものがあります。取締役会議 事録は、**「書面」または「電磁的記録」**で作成しなければならないと会 社法で規定されています。また株式会社では、発起人会や創立総会の 議事録が必要で、設立時の役員選任方法に関する事項などを記載しま す。会社登記の際に添付資料として提出をします。

● 要点をまとめて2日以内に完成を

議事録では、会議の議題、会議を行ったうえでの決定事項が重要な 構成要素です。加えて、**会議の日時、場所、出席者、そして議事録の 記録者の基本情報もしっかりと記載**をしましょう。会議での発言は一 字一句、すべて記す必要はありません。要点をまとめて残しましょう。 また、記録者は会議中、メモに加えICレコーダーで内容を録音してお くと、議事録を作成する際に不確かな点を確認することができます。 議事録は最低でも会議後の2日以内には完成をさせましょう。

議事録

会議での内容を記録する議事録は、社内全員に会議の内容を共有するうえで欠かせない文書です。また、記録に残すことで決定事項が勝手に覆ることがなくなります。

なんの会議の議事録か、一発でわかるように大きくタイトルを付ける。

どこで誰が会議したのかを詳細に記入する。

会議のなかで話し合われた内容を簡潔に箇条書きにする。

新製品販促会議 （05/19）

会議情報
日付：2023 年 5 月 19 日 10：00 ～ 11：00
場所：5 階　第 2 会議室
参加者：○○、××、△△

議題
● 新製品の PR 方法
● 競合他社との差別化

メモ
● SGDs に絡めた宣伝を強化する
● マスコミ関係者に売り込む
● 子どもをモデルに広告を作成→他社で前例がない

次回の議題
● 5 月新製品の 1 ヵ月の売上から見る今後の展望
● 6 月新製品の販促について

例ではメモとあるが、ここは決定事項やまとまった意見を箇条書きで記入する。どの議題に関することなのか、番号を振ってもわかりやすい。

次回の会議ではどんなことが話し合われるのかを明記することで、次回までに準備するものなどが早めにわかる。

Point

☑ 出席していない人も議事録で会議の確認が可能に

☑ 議事録が必ず必要な会議がある

☑ あやふやな記憶になる前に2日以内に完成を

休暇届や早退届を出すときのポイント

• 社内で届け出が必要な遅刻、早退、休暇など

遅刻や早退、休暇などは、社内の規則に従って、文書で届け出ることが一般的です。**届け出をするということは、勤務態度が誠実であることの証明になる**ほか、上司が勤務状況を把握する手段にもなります。ほかにも結婚、離婚、出生などは、手当などに関わり、経理の関係上必要ですので、しっかりと届け出を行いましょう。

• 可能な限り早めの提出を

部署として対応が必要な場合があるので、遅刻、早退、休暇の予定がある場合は、事前に届け出すことを心がけましょう。**決まりがなくとも早めに対応する気遣いは信頼感につながります。**また、専用の用紙がある場合は、しっかりと記入漏れがないようにして、数字、氏名などの間違いがないようにしましょう。

• 遅刻、早退の理由はしっかりと記載

遅刻、早退は給料にも関わります。ただ、電車の遅延や災害などの影響であれば、給料をカットしないなどのルールを作っている会社もあるので、理由はしっかりと記載しましょう。**事情を説明する届け出を出さなければ、給料だけでなく、社会人としての信用も失うことになります。**「せっかく仕事ができるのに、あいつは遅刻するから……」と誤解されてしまえば、大きな仕事を任せづらい従業員と認識されてしまうかもしれません。

休暇届

令和 5 年 5 月 22 日

休 暇 届

○○部長 殿

○○部 ○○課
田中　太郎 ㊞

このたび、下記のとおり休暇をいただきたく、お願い申し上げます。

記

1. 休暇期間　　　令和 5 年 6 月 20 日〜令和 5 年 6 月 21 日
2. 休暇理由　　　友人の結婚式に出席するため
3. 緊急連絡先　　03-0000-0000
4. 添付書類

以上

- いつまで休暇を取るのか、日付を明記する。
- 「私用のため」としても問題ない。
- 緊急時、連絡が取れる番号を記入する。
- 伝達事項があれば、添付書類にて共有する。

早退届

令和 5 年 5 月 24 日

早退届

部署名	経理部
氏　名	田中　太郎 印

下記のとおり、お届けいたします。

区　分	欠勤・遅刻・早退・外出・有給・欠勤（○をつける）
日　付	2023 年　　5 月　　24 日
時　間	10：00〜14：00 まで
事　由	体調不良のため
備　考	流行病と症状が類似しているため、病院を受診します。

- いつ早退したのか日付を記入する。
- 時間は、働いた時間を記入する。
- 理由は、簡潔にまとめる。
- 必要があれば記入する。

Point

- ☑ 遅刻、早退、休暇、結婚、離婚は速やかに届け出を
- ☑ 専用の用紙に記載漏れがないか注意を
- ☑ 正当な理由がある場合は、しっかりと届け出て説明を

退職届のルールとポイント

● 退職する際に提出する退職届

　解雇ではなく、自らの意思や病気、家庭の事情などで所属する会社を退社する際には、退職届を提出します。提出することで、会社に対して、"退職"をするという意思を示すことになります。法律的には退職日の14日前に退職の意思を示して、届け出ることになっています。しかし、**基本的には退職の1カ月前に提出する**ことが一般的となっています。

● 退職届？退職願？辞表？

　退職が受理されていない時点では「退職願」とタイトルに記します。一方で、退職することが決まっているときは「退職届」、役職のあるものが退職をする場合は「辞表」と書くことになります。しかし、会社でフォーマットが決まっている場合は、これらを厳密に区別する必要はありません。**社内ルールに従って、指示通りに書きましょう。**

● 礼を尽くして退社する

　退職届は一定期間お世話になった会社に対して、礼を尽くして辞めることを伝えるために書くのが目的です。会社で所定の書き方がない場合は、手書きで作ります。届け出た日付、宛名として経営者の名前、届け出ている自分の名前と退職理由は必ず記載をして、押印します。宛名は経営者の名前ですが、提出するのは直属の上司です。**退職理由は病気の場合をのぞき「一身上の都合」としましょう。**

一般的な退職届

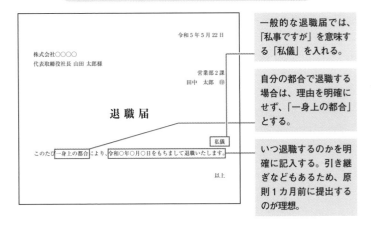

令和5年5月22日

株式会社○○○○
代表取締役社長 山田 太郎様

営業部2課
田中 太郎 ㊞

退 職 届

私儀

このたび 一身上の都合 により、令和○年○月○日をもちまして退職いたします。

以上

一般的な退職届では、「私事ですが」を意味する「私儀」を入れる。

自分の都合で退職する場合は、理由を明確にせず、「一身上の都合」とする。

いつ退職するのかを明確に記入する。引き継ぎなどもあるため、原則1カ月前に提出するのが理想。

病気で退職する場合

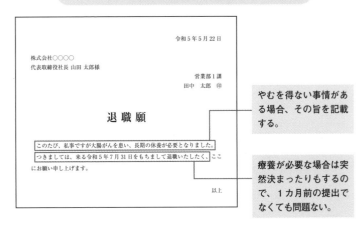

令和5年5月22日

株式会社○○○○
代表取締役社長 山田 太郎様

営業部1課
田中 太郎 ㊞

退 職 願

このたび、私事ですが大腸がんを患い、長期の休養が必要となりました。
つきましては、来る令和5年7月31日をもちまして退職いたしたく、ここにお願い申し上げます。

以上

やむを得ない事情がある場合、その旨を記載する。

療養が必要な場合は突然決まったりもするので、1カ月前の提出でなくても問題ない。

Point
☑ 退職希望日の**1カ月前**には退職届で意思を示す
☑ 基本的には会社の慣例に従って記載をする
☑ 退職理由は病気の場合以外「**一身上の都合**」とする

添付資料を使わない文書作成は
タブ設定を活用する

　会議資料や企画書などで数値を記載するとき、添付資料を作成する
ほどデータの量が多くないときは、本文中に記載するのも一つの手段
です。ここで気を付けたいのが、数値を見やすく配置すること。文字
の端がそろっていないと見にくい資料になってしまいます。

　この場合、テキスト作成ツールの「タブ」を活用するのが有効です。
たとえば金額を箇条書きにする際は、「円」をそろえる右ぞろえのレ
イアウトがベター。まずは作成ツールにルーラーを表示させ、そろえ
たい文章を選択します。次にページ左上のカギカッコを右ぞろえに変
更。そのまま「円」を持っていきたい位置に水平ルーラーのカーソル
を合わせます。最後に TAB キーでスペースを開け、文章の区切りを
つけると、数値のみが右にそろった資料が完成します。

タブ機能の使い方

❶作成ツールに「ルーラー」を表示する

❷文字の端をそろえたい文章を選択する

❸垂直ルーラーと水平ルーラーが交わる場所（画面左上）の
　タブマークをクリックし、文字列のそろえ方を選択

❹水平ルーラーのカーソルを、文字をそろえたい位置に配置する

❺TAB キーで文章の区切りをつける

第 5 章

\ 実例から学ぶ② /

業務に関する
社外文書

仕事をしていると、社内の人だけでなく社外の
人とも関わる機会が増えていきます。今後の仕
事を左右する大事な場面で、マナー違反が原因
で先方からの印象が下がってしまう……という
ことを避けるために、よく使われる業務に関す
る社外文書の例を紹介します。

取引先への連絡事項は
通知状を作って知らせる

● 通知状とは

　通知状は送る相手に連絡事項を伝えるための文書です。資料送付や価格変更、休業日など、幅広い用途で使用されます。業務に支障が出ないよう正確な情報を伝えることはもちろん、**書面に残して記録する意味合いも含まれます。** 会社全体や取引に関係することなど、重要度が高いものほど通知状にし、用意ができたら速やかに送りましょう。

● タイトルはわかりやすく

　通知状はひと目で内容がわかるような書式にまとめます。**「休業日変更のお知らせ」「請求書送付のご案内」** など、タイトルは明確につけましょう。書面の右上には日付や会社名、名前などを記載します。左上には送る相手の会社名や名前などを記載しますが、複数の取引先に通知する場合は「取引先各位」と表現しても問題はありません。

● 本文の書き方

　事務的な内容を伝える通知状であっても、**前文→主文→末文の構成で書くのが一般的**です。前文には時候の挨拶や日頃の感謝の言葉を入れ丁寧な書き出しを意識しましょう。主文は簡潔にまとめ、相手にお願いしたいことがあれば方法や期日などを具体的に記します。末文は「まずは○○のご通知まで」などの一文を入れます。内容によっては「ご質問などがございましたら弊社○○部までお問い合わせください」と書くのもよいでしょう。

商品出荷の通知状

取引先から商品の注文を受けた場合、発送と同時に商品出荷を知らせる通知状を出します。発送の事実が記録に残ることで、トラブルが起こったときに対応しやすくなります。

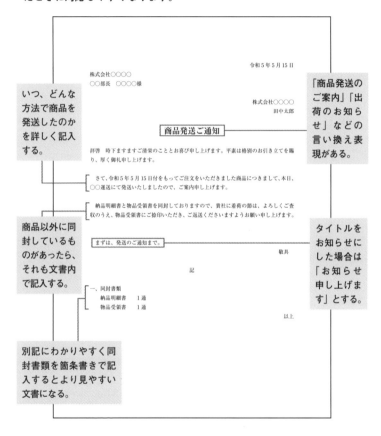

いつ、どんな方法で商品を発送したのかを詳しく記入する。

商品以外に同封しているものがあったら、それも文書内で記入する。

別記にわかりやすく同封書類を箇条書きで記入するとより見やすい文書になる。

令和5年5月15日

株式会社○○○○
○○部長　○○○○様

株式会社○○○○
田中太郎

商品発送ご通知

拝啓　時下ますますご清栄のこととお喜び申し上げます。平素は格別のお引き立てを賜り、厚く御礼申し上げます。

さて、令和5年5月15日付をもってご注文をいただきました商品につきまして、本日、○○運送にて発送いたしましたので、ご案内申し上げます。

納品明細書と物品受領書を同封しておりますので、貴社に着荷の節は、よろしくご査収のうえ、物品受領書にご捺印いただき、ご返送くださいますようお願い申し上げます。

まずは、発送のご通知まで。

敬具

記

一、同封書類
　　納品明細書　　1通
　　物品受領書　　1通

以上

「商品発送のご案内」「出荷のお知らせ」などの言い換え表現がある。

タイトルをお知らせにした場合は「お知らせ申し上げます」とする。

Point 👆
- ☑ **大切な連絡事項**は通知状で知らせる
- ☑ **内容が伝わるタイトル**にする
- ☑ **本文は具体的かつ簡潔**にまとめる

定休日が設けられている会社や、お店などでは、定休日が変わったら取引先や顧客に伝える必要があります。

本題に入る前に時候の挨拶と感謝の挨拶を簡潔に記入する。

本題は、これまでの定休日と、これからの定休日を記入します。理由などを述べる必要はなく、わかりやすく簡潔に記入することを心がける。

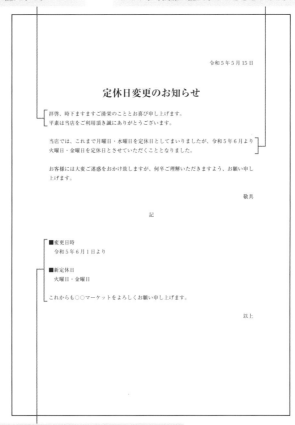

令和5年5月15日

定休日変更のお知らせ

拝啓、時下ますますご清栄のこととお喜び申し上げます。
平素は当店をご利用頂き誠にありがとうございます。

当店では、これまで月曜日・水曜日を定休日としてまいりましたが、令和5年6月より火曜日・金曜日を定休日とさせていただくこととなりました。

お客様には大変ご迷惑をおかけ致しますが、何卒ご理解いただきますよう、お願い申し上げます。

敬具

記

■変更日時
令和5年6月1日より

■新定休日
火曜日・金曜日

これからも○○マーケットをよろしくお願い申し上げます。

以上

別記を設けて、そこを読めば内容が一発で伝わるようにする。別記には、いつから変更するのかと新しい定休日を記入する。

価格改定の通知状

物価の高騰などにより、商品の価格を改定することはよくあることです。
普段取引のある会社には、価格が改訂したことを丁寧に伝えましょう。

原因と、価格の維持に努めたけれどやむを得なく価格改定に踏み切ったことを簡潔に記入する。

いつから改定後の価格になるのかを記入する。また、最後を「今後も変わらぬご高配を賜りますよう〜」に言い換えるとより丁寧。

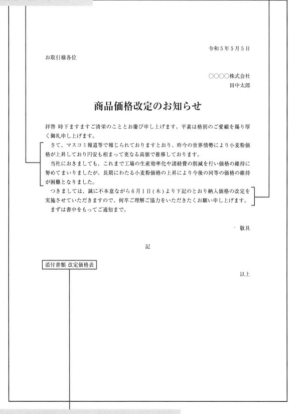

令和5年5月5日

お取引様各位

○○○○株式会社
田中太郎

商品価格改定のお知らせ

拝啓 時下ますますご清栄のこととお慶び申し上げます。平素は格別のご愛顧を賜り厚く御礼申し上げます。

さて、マスコミ報道等で報じられておりますとおり、昨今の世界情勢により小麦粉価格が上昇しており円安も相まって更なる高値で推移しております。

当社におきましても、これまで工場の生産効率化や諸経費の削減を行い価格の維持に努めてまいりましたが、長期にわたる小麦粉価格の上昇により今後の同等の価格の維持が困難となりました。

つきましては、誠に不本意ながら6月1日(木)より下記のとおり納入価格の改定を実施させていただきますので、何卒ご理解ご協力をいただきたくお願い申し上げます。

まずは書中をもってご通知まで。

敬具

記

添付書類 改定価格表

以上

添付で、どの商品がいくらに改定されるのかを記した表などを一緒に送る。

社内文書とは全然違う！
社外に出す依頼書のポイント

● 依頼書のマナー

　取引先や個人にお願いごとをする際に使用するのが依頼書です。見積書や新規での取引など、相手にお願いしたい内容を文書で伝え、引き受けてもらうことが目的です。**「お願いしたい」という姿勢**で、失礼のないよう心がけましょう。返事がきたら承諾の有無に関わらずお礼状を送るのもマナー。最後まで丁寧な言葉選びが大切です。

● よい印象を与えるコツ

　はじめて依頼をする相手なら、自社を紹介する文章や依頼に至った経緯などを入れましょう。依頼を引き受けてもらうためには**相手によい印象を与えることも重要**です。相手にメリットのある内容でも断られてしまう場合もあります。こちらの都合で依頼をするので、返信期日や納期など、ゆとりを持ったスケジュールを立てましょう。

● 依頼内容は具体的に

　依頼する内容は明確に、具体的に記載します。詳細な取引条件はもちろん、返信期日も忘れずに提示しましょう。見積もり依頼であれば、数量や納品日、納品場所などを記載しておくと見積もりやすくなります。講演依頼なら講演のテーマや目的、予定される参加人数などを記載します。認識の違いがなくよりよい取引ができるよう、わかりやすい文章でまとめ、依頼する相手に前向きな気持ちで検討してもらえるよう意識しましょう。

社外向けの依頼書

94 ～ 95 ページでは、社内用の依頼書としてアンケートの例を取り上げましたが、ここでは社外に出すアンケート依頼をもとに社外向けの依頼書を解説していきます。

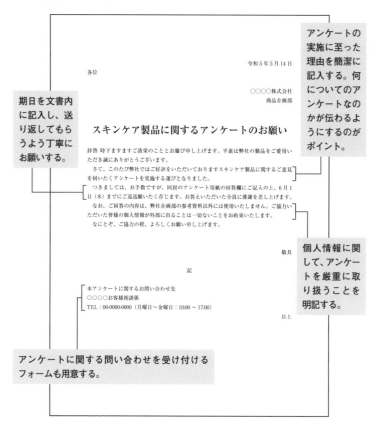

アンケートの実施に至った理由を簡潔に記入する。何についてのアンケートなのかが伝わるようにするのがポイント。

期日を文書内に記入し、送り返してもらうよう丁寧にお願いする。

令和 5 年 5 月 14 日

各位

○○○○株式会社
商品企画部

スキンケア製品に関するアンケートのお願い

拝啓 時下ますますご清栄のこととお慶び申し上げます。平素は弊社の製品をご愛用いただき誠にありがとうございます。

さて、このたび弊社ではご好評をいただいておりますスキンケア製品に関するご意見を伺いたくアンケートを実施する運びとなりました。

つきましては、お手数ですが、同封のアンケート用紙の回答欄にご記入の上、6 月 1 日（木）までにご返送願いたく存じます。お答えいただいた全員に薄謝を差し上げます。

なお、ご回答の内容は、弊社企画部の参考資料以外には使用いたしません。ご協力いただいた皆様の個人情報が外部に出ることは一切ないことをお約束いたします。

なにとぞ、ご協力の程、よろしくお願い申し上げます。

敬具

記

本アンケートに関するお問い合わせ先
○○○○お客様相談係
TEL : 00-0000-0000 （月曜日～金曜日：10:00 ～ 17:00）

以上

個人情報に関して、アンケートを厳重に取り扱うことを明記する。

アンケートに関する問い合わせを受け付けるフォームも用意する。

Point
☑ 「**お願いしたい**」 という姿勢で依頼する
☑ スケジュールは**ゆとり**を持つ
☑ **取引条件**は明確に伝える

インボイス制度に対応した請求書も把握しよう

● 請求書とは

納品物や提供したサービスに対し代金を求める際に使用されるのが請求書です。品名や数量、金額などを正確に伝え、期日までに支払ってもらうことを目的としています。多くの場合納品後の提出となりますが、着手金や前払いがある際はそのときに提出する場合も。**はじめて請求書を送る際は請求時に送付状もつけるとより丁寧です。**

● 基本的な書き方

請求書はわかりやすく明記するよう心がけましょう。請求項目が複数ある場合、品名や数量、単価、合計金額などは表にしてまとめます。振込先や口座番号はもちろん、手数料の負担先についても忘れずに記載します。**自社の社名に押印したり、管理のために請求番号を記載する場合もある**ため、社内ルールの有無などは事前に確認しましょう。

● インボイス制度について

インボイス制度とは、適格請求書（インボイス）を用いて仕入れ額控除を受けるための制度です。事前に税務署で登録を受けた課税事業者のみが適格請求書を発行できます。**発注する側は正確な消費税を把握し、それに基づいた消費税だけを納付できるメリットがあります。**適格請求書を発行する際は、軽減税率の対象品目である旨、税率ごとの合計金額と消費税額に加え、発行者の登録番号の記載が義務付けられています。

インボイス制度対応の請求書

2023年10月からはじまるインボイス制度に会社が登録申請をしたら、
請求書のルールが少し変わってきます。

インボイス制度に登録していることを示すインボイス番号を記入する必要がある。

消費税10％と8％で記入欄がわかれる。これによって複数税率から起因する計算ミスや不正を防ぎ、消費税に関しての透明度を高める。

最後に、消費税10％、8％のそれぞれの消費税額を出す。

令和5年10月31日

御　請　求　書
（10月1日から10月31日まで集計分）

株式会社○○○○○○　　様

〒000－0000　堺市堺区堺町8－8－8　堺市ビル6F
株式会社○○○○○○　営業担当：田中太郎
【インボイス番号　T9－9999－9999－9999】
TEL（072）999-9999　FAX（072）999-9999

項目（10%適用分）	取引数量	税抜単価	税抜金額	備考（取引年月日）
ワイン	200	500	100,000	R5.10.11
			0	
			0	
			0	
	10%適用分　税抜金額小計		100,000	

項目（8%適用分）	取引数量	税抜単価	税抜金額	備考（取引年月日）
＊チーズ	100	2,000	200,000	R5.10.20
＊			0	
＊			0	
＊			0	
	8%適用分　税抜金額小計		200,000	

項目（消費税対象外）	取引数量	単価	金額	備考（取引年月日）
収入印紙立替	1	200	200	R5.10.18
			0	
	消費税対象外　金額小計		200	

10%適用分　消費税額小計		10,000
8%適用分　消費税額小計		16,000
御請求額総計		326,200

上記の御請求額総計を下記口座までお振込み下さい（お支払期日：令和●年●月●日）
○○銀行　○○支店　普通預金　No.0000000　口座名義人　カ）○○○○○○
振込手数料は貴社にてご負担下さいますようお願い申し上げます
＊印は軽減税率対象です。

Point
- ☑ **請求状は代金を求める文書**
- ☑ **請求内容は正確にわかりやすく**
- ☑ **インボイス事業者は登録番号などの記載も必要**

新規取引のときにあると差がつく交渉状の書き方

● 交渉状とは

新規の取引依頼や取引内容の変更など、**相手に要求を伝える際**に使われるのが交渉状です。交渉内容をわかりやすく伝え、双方が納得のいく結果へ導くことを目的としています。一方的な主張にならないよう意識し、相手へ理解してもらうことが重要です。交渉をスムーズに進めるためにも相手側の状況にも配慮できるとよいでしょう。

● 理解を得るポイント

なぜ交渉するのか、その**理由や経緯を説明すると相手の理解も得やすい**です。長すぎず簡潔な文章でまとめましょう。これまで取引のなかった相手にはじめて交渉状を送る場合、自社や提供しているサービスなどを説明する文章も添えます。こちらの要望だけを伝えるだけではなく、今後の展望などもふまえて丁寧な文章で交渉します。

● 交渉内容はわかりやすく

交渉状で伝えたい**内容はわかりやすく明記**することが大切です。書類は一枚にまとめ、詳細な情報は別紙で説明したり、パンフレットなどの資料を併せて送付します。相手に検討してほしい事情がある場合、返答方法や返答期日も記載します。希望する金額や納期などがあれば具体的な数字を提示し、双方で認識のズレが起こらないよう注意が必要です。交渉状を送付後に話し合いの場が設けられる場合もあります。最後まで「検討してもらう」という姿勢で臨みましょう。

交渉状

交渉状は、取引先にお願いをするときに使う文書です。こちらの提案を検討してもらう立場にあるので、より丁寧な姿勢を忘れずに、失礼のない文書の作成を心がけましょう。

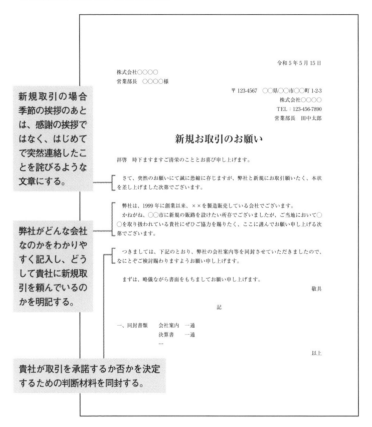

令和5年5月15日

株式会社○○○○
営業部長　○○○○様

〒123-4567　○○県○○市○○町1-2-3
株式会社○○○○
TEL：123-456-7890
営業部長　田中太郎

新規お取引のお願い

拝啓　時下ますますご清栄のこととお喜び申し上げます。

さて、突然のお願いにて誠に恐縮に存じますが、弊社と新規にお取引願いたく、本状を差し上げました次第でございます。

弊社は、1999年に創業以来、××を製造販売している会社でございます。
かねがね、○○市に新規の販路を設けたい所存でございましたが、ご当地において○○を取り扱われている貴社にぜひご協力を賜りたく、ここに謹んでお願い申し上げる次第でございます。

つきましては、下記のとおり、弊社の会社案内等を同封させていただきましたので、なにとぞご検討賜りますようお願い申し上げます。

まずは、略儀ながら書面をもちましてお願い申し上げます。

敬具

記

一、同封書類　　会社案内　一通
　　　　　　　　決算書　　一通
　　　　　　　　…

以上

新規取引の場合季節の挨拶のあとは、感謝の挨拶ではなく、はじめてで突然連絡したことを詫びるような文章にする。

弊社がどんな会社なのかをわかりやすく記入し、どうして貴社に新規取引を頼んでいるのかを明記する。

貴社が取引を承諾するか否かを決定するための判断材料を同封する。

Point

- ☑ 相手に**要求を伝える**際に使われるのが交渉状
- ☑ 交渉に至る背景などを伝え、**理解を得る**
- ☑ 交渉内容は**わかりやすさを重視**

見積りをもとに新規で注文!
注文状のポイント

● 発注するときは注文状を用意

　商品の発注をする際、**注文内容とは別に用意する文書が注文状**です。注文自体は口頭でもできますが、トラブルが起こらないよう新規で注文する際は書面で残します。また下請法（下請代金支払遅延等防止法）が適用される取引の場合、書面の交付義務が発生します。正確な情報を伝える意味でも、注文状で発注するよう心がけましょう。

● トラブル回避のポイント

　注文が目的なので文章は簡潔にまとめます。**詳細な内容は簡条書き**にし、商品名、数量、金額、納期など、間違いのないよう気を付けましょう。特に納期は取引先によって捉え方が異なるため「当社必着」などの一文があるとトラブルを避けられます。何を見て発注したかがわかるよう、見積書の日付や番号があれば併せて明記しましょう。

● 注文状番号について

　会社や部署によっては注文状に日付と番号を付け、いつどのような注文をしたかがひと目でわかるよう管理している場合があります。たとえば同日、同取引先に同じ商品を同じ数量発注した場合でも、番号が付いていれば差別化でき、**トラブルがあったときにもすぐに対処しやすくなります**。見積書と連動させ効率よく売上管理ができるなどのメリットもあります。社内や部内ルールの有無を含め、注文状の発行前に確認しましょう。

注文状

注文状は、相手に何がどれだけほしいのかを知らせる文書になります。
普段から取引がある会社と新規の会社では文書の作成方法が少し異なるので、注意しましょう。

新規で注文状を出す会社には突然の注文を詫びる文を入れる（「この度突然の注文にて大変恐縮ですが」など）。

別記には注文したい商品名、個数、値段、納期、支払い方法などを記入する。取引先からカタログなどを受取っている場合は、商品名をカタログ番号で対応することもある。

令和 5 年 5 月 15 日

株式会社○○○○
○○部　○○○○様

〒 123-4567　○○市○○町 1-2-3
株式会社○○○○
TEL：12-3456-7890
FAX：12-3456-7890
経理部　田中太郎

注　文　状

拝啓　時下ますますご清栄のこととお喜び申し上げます。平素は格別のご高配を賜り、厚くお礼申し上げます。
　さて、早速ですが、下記のとおり、ご注文申し上げますので、お取りはからいのほどよろしくお願い申し上げます。
　まずは取り急ぎご注文まで。

敬具

記

1. 品　　名　　○○○○
2. 数　　量　　30 個
3. 単　　価　　5,000 円
4. 金　　額　　合計 165,000 円（消費税込）
5. 納　　期　　令和年 6 月 15 日
6. 受渡場所　　当社営業 2 課
7. 運賃諸掛　　貴社負担
8. 支払方法　　銀行振込（受渡後 10 日以内）

以上

Point
- ☑ 注文は書面で正確に伝える
- ☑ 注文内容は箇条書きで簡潔に
- ☑ 注文状番号で効率よく管理する

取引先からの申し出を
引き受けるときに出す承諾状

● 承諾状とは

　取引先などから価格改訂や注文変更など、**依頼や要求に対して承諾するときに使うのが承諾状**です。相手の申し入れに対する回答なので頭語は「拝復」と記します。どこまで承諾できるのか具体的な範囲をはっきりと伝えることを目的とし、相手の要求と同じ流れで返答していきましょう。注文に対する返信なら「確認状」としても構いません。

● 承諾する範囲の伝え方

　承諾状では何を了承し、どのような要求を受け入れられないのかを明確にすることが重要です。**受け入れられない場合はその理由を付け加え**、感情的な表現にならないよう注意しながら返答しましょう。了承できる場合であっても、条件を提示したり、慎重に検討したうえで了承した、というニュアンスを含めても問題はありません。

● 送付方法とそのあとの展開

　期日が迫っているなら速達、確実に相手に届けたいなら簡易書留を利用するなど、**内容や状況に応じて郵送方法の変更も検討**しましょう。条件付きで承諾する場合は書面のやりとりだけでは決定せず、そのあとに直接打ち合わせをして今後の取引について話し合うケースもあります。相手の状況を詳しく聞きたい、経緯を知ってよりよい妥協点を探したい、などがあればその旨も記載しましょう。双方が納得したうえで今後も取引できるよう、意思を伝えることも大切です。

承諾状

取引先からお願いをされたら、引き受けるにしても断るにしても返事をする必要があります。承諾状では、ただ承諾するだけでなく、どこまで承諾できるのか、条件を提示することができる文書でもあります。

頭語は「拝復」を用いる。拝復は、申し入れに対して返事をするときに使われる頭語。結語は「敬具」でよい。

まずは、申込に対するお礼を述べる。そして、承諾の旨を記入する。

承諾をしたあとに、条件などを提示する。相手からの申し出で、一部承諾できない部分がある場合はここでしっかりと伝える。

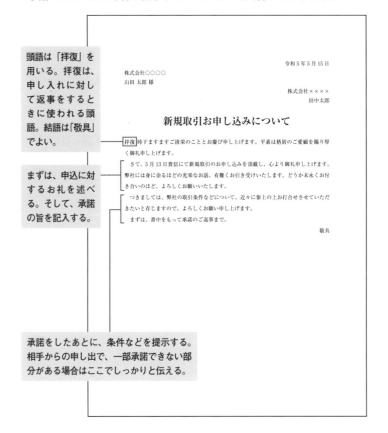

令和5年5月15日

株式会社○○○○
山田 太郎 様

株式会社××××
田中太郎

新規取引お申し込みについて

拝復　時下ますますご清栄のこととお慶び申し上げます。平素は格別のご愛顧を賜り厚く御礼申し上げます。

さて、5月13日貴信にて新規取引のお申し込みを頂戴し、心より御礼申し上げます。弊社には身に余るほどの光栄なお話、有難くお引き受けいたします。どうか末永くお付き合いのほど、よろしくお願いいたします。

つきましては、弊社の取引条件などについて、近々に参上の上お打合せさせていただきたいと存じますので、よろしくお願い申し上げます。

まずは、書中をもって承諾のご返事まで。

敬具

Point

- ☑ 承諾状は**相手の要求に応える**場合に使用する
- ☑ 承諾できる、できないは**はっきり伝える**
- ☑ 状況に応じて**郵送方法**を検討する

断り状は明確に断りつつも相手に配慮して丁寧に

● 断り状の目的とマナー

断り状は、相手の**要求に対して応じられない旨を伝える**際に使われます。返答するための文書なので、頭語は承諾状と同じく「拝復」と記載し、時間をおかず、できるだけ早く返答するよう心がけましょう。今後の取引のためにも**横柄な態度は取らず、丁寧な言葉選びが大切**になってきます。

● 断る意思は明確に

あいまいな表現や誤解を与える表現はトラブルにつながります。相手を配慮する気持ちは大切ですが、**断る意思は濁さずにはっきりと伝えましょう**。断る理由も記載すると相手も納得しやすいです。理由を正直に伝えるのが原則ですが、状況に応じて表現の仕方を検討できるとよいでしょう。

● 相手に寄り添う姿勢の表し方

断り方によって相手が受ける印象は大きく異なります。たとえば**断る理由を伝えて代替案を提示**した場合、ただ断るよりも相手に寄り添った対応が可能です。そのあとに双方ともに建設的な話し合いができ、新たな取引につながる可能性が高くなります。断る際は自社の事情を丁寧に説明することで、良好な関係を継続できる場合もあるでしょう。ただ「お断りします」だけでは相手も疑問が残るばかりなので、柔和で丁寧な態度を示すことが大切です。

断り状での注意点

相手に誤解を与えかねないあいまいな表現は避け、はっきりと断る

はっきりと断りながらも、相手に対して配慮する

断るときは、できる限り理由もしっかりと明記する

頭語は「拝復」

代替案で対応できる場合はそれを提案してあげる

断り状

何事もお断りするのは心苦しいことです。心を鬼にして相手の要求を断るにしても、相手に配慮して丁寧な対応は忘れてはいけません。

申し込みに対するお礼のあと、断る理由を明確に記入する。理由を述べづらい場合は濁してもよい。

例のように、新規取引の打診だった場合は次につながるような文を入れる。

○○○○株式会社
○○　○○様

株式会社○○○○
営業部　田中太郎

新規取引申込みに関する件

拝復　貴社ますますご盛栄のこととお喜び申し上げます。平素は格別のお引立てに預かり厚く御礼申し上げます。

さて、この度は、新規取引のご打診を頂きまして、誠にありがとうございました。弊社にとりましては、貴社との取引は喜ばしいことと存じます。しかしながら、現状では取扱商品の調達の予定がありませんため、今回は見送りさせていただきたく存じます。

また、今回は残念な結果となりましたが、何かの機会がございましたら、再度申込みをいただきますようお願いいたします。

今後とも一層、貴社がご発展されますことをお祈りし、新規取引のご打診のご返事を申し上げます。

敬具

Point

☑ 断り状は**言葉を丁寧に**選ぶ
☑ 返答は**あいまいにせず**はっきり断る
☑ 理由の説明や代替案の提示で**寄り添う姿勢**を示す

納期に間に合わない！
社外向けの詫び状の注意点

● 詫び状とは

　相手に**謝罪の気持ちを表す文書を詫び状**といいます。納品や支払いの遅延、サービスの不具合など、こちらのミスにより損害をあたえてしまったら誠意を持った対応が求められます。相手から指摘される前に気づき、詫び状を送るのが望ましいでしょう。重大なミスが起きた場合、詫び状を送付したあとに直接謝罪することも必要です。

● 詫び状のマナー

　詫び状では、**ミスを正直に認めて丁寧に謝罪する**よう心がけましょう。うやむやな表現では相手の信頼を失いかねず、今後の取引にも影響をあたえます。ミスが起きた原因を伝えることは大切ですが、長くなりすぎると言い訳がましくなるので要注意。端的にまとめしっかりとお詫びすることを心がけましょう。

● 詫び状の流れ

　タイトルは「○○のお詫び」とし、どういった内容に対するお詫びなのかがひと目で伝わるよう記載します。時候の挨拶や日頃の感謝を述べたのち、お詫びの文章を述べるのが一般的です。そのあとは内容に合わせ解決策や納期期限などを示し、同じミスを繰り返さないという決意表明をします。**具体的な対処法を示しながらこちらの誠意を伝えましょう**。最後に、今後も変わらない付き合いをしてほしいことを伝えます。

80 ～ 83 ページでは、クレームによる詫び状を紹介しましたが、ここで紹介する詫び状は社外との取引内で発生した事案に対するものです。クレームのときと同様、誠意を持って謝罪するようにしましょう。

納期遅延の詫び状の場合、状況を把握できたらすぐに送るようにする。

いつ納品予定だったものが遅延するのか、明確に書く。最後にお詫びの言葉を付ける。

納期遅延の理由を明記する。予想外の事態だったとしても、言い訳に感じ取られないよう、誠意を持って謝罪する。

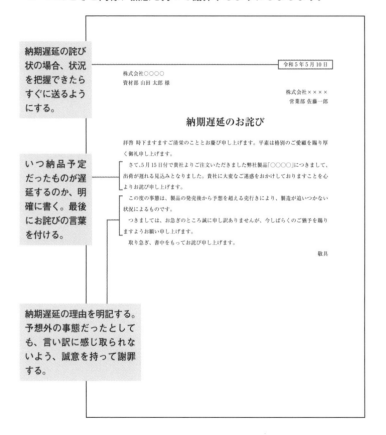

令和 5 年 5 月 10 日

株式会社○○○○
資材部 山田 太郎 様

株式会社××××
営業部 佐藤一郎

納期遅延のお詫び

拝啓 時下ますますご清栄のこととお慶び申し上げます。平素は格別のご愛顧を賜り厚く御礼申し上げます。

さて、5月15日付で貴社よりご注文いただきました弊社製品「○○○○」につきまして、出荷が遅れる見込みとなりました。貴社に大変なご迷惑をおかけしておりますことを心よりお詫び申し上げます。

この度の事態は、製品の発売後から予想を超える売行きにより、製造が追いつかない状況によるものです。

つきましては、お急ぎのところ誠に申し訳ありませんが、今しばらくのご猶予を賜りますようお願い申し上げます。

取り急ぎ、書中をもってお詫び申し上げます。

敬具

Point

- ☑ 謝罪の気持ちを伝えるのが詫び状
- ☑ ミスは素直に認めて原因は端的にまとめる
- ☑ 謝罪文のあとは解決策を示して誠意を伝える

先方の疑問点に細かく
答える回答状で信用を取り戻す

● 回答状のマナー

　取引先やお客様の問い合わせや照会に対して返答する文書を回答状といいます。正確な情報を速やかに伝えることが目的で、期日よりも早めの回答を心がけましょう。問い合わせのなかには、**こちらの作業ミスや説明不足が原因で先方から連絡がきている場合もあります**。自社のイメージを損なわないためにも、丁寧に言葉を選んで回答します。

● 基本的な書き方

　回答状は相手の問い合わせに対して返事をするため、**「拝復」の頭語を用いて書きはじめます**。問い合わせ内容に対して客観的な視点で回答し、質問されたこと以外について答える必要はありません。ただし、相手にとって重要だと思う事実があれば、補足して記載することも問題ありません。

● 好印象を与えるコツ

　納品が遅れている、商品不良があったなど、状況によっては先方が問い合わせをした時点で自社に不信感を抱いている場合も考えられます。こちらに非があれば謝罪をし、原因がわかっているなら明記します。調査中ならその旨を伝え、見通しが立っているなら再回答期日を明記するのもよいでしょう。見通しがわからない場合、後日必ず報告するという一文を入れて相手への理解を促します。回答状では問いかけに**真摯に対応し、信頼関係を築けるよう意識することが重要**です。

回答状の注意点

回答状は相手からアクションがあったらすぐに作成する

相手が知りたがっていることだけを簡潔に記入する

相手の質問の内容によって適切な回答をする

文書だけでなく電話や直接の対応をすることもある

直接回答する場合は、相手の会社にこちらが出向く

回答状

先方からのアクションがあった場合に出す文書が回答状です。相手からの疑問点に真摯に答える姿勢を文書のなかでも見せられるように心がけましょう。

先方からの質問や疑問に対して、自社に非がある場合は速やかに謝罪する。

原因を調査したこと、調査の結果わかったこと、そのあとの対応を記入する。

最後に、再度謝罪をする。

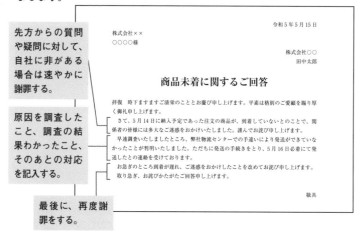

```
                                              令和5年5月15日
株式会社××
○○○○様
                                              株式会社○○
                                              田中太郎

               商品未着に関するご回答

拝復 時下ますますご清栄のこととお慶び申し上げます。平素は格別のご愛顧を賜り厚
く御礼申し上げます。
 さて、5月14日に納入予定であった注文の商品が、到着していないとのことで、関
係者の皆様には多大なご迷惑をおかけいたしました。謹んでお詫び申し上げます。
 早速調査いたしましたところ、弊社物流センターでの手違いにより発送ができていな
かったことが判明いたしました。ただちに発送の手続きをとり、5月16日必着にて発
送したとの連絡を受けております。
 お急ぎのところ到着が遅れ、ご迷惑をおかけしたことを改めてお詫び申し上げます。
 取り急ぎ、お詫びかたがたご回答申し上げます。

                                                        敬具
```

Point

☑ **正確な情報**を速やかに伝えるのが回答状

☑ **聞かれたことだけ**に回答するのが基本

☑ 具体的な状況を**素直に伝える**

納期を守ってくれない先方には催促状を出す

● 催促状とは

納品物や支払い金が遅延したときに文書で相手を促すのが催促状です。約束を守ってもらうことが目的で事情によって催促する度合いは異なります。催促状を送っても状況が変わらない場合、督促状で通告するのが一般的です。督促状は法的手段に出る直前の文書であるため、まずは催促状を出して状況の改善を試みましょう。

● 催促状のマナー

約束を守らなかった相手に非はありますが、催促状では冷静に対応するのが鉄則です。責めるような表現は避け、相手の状況に配慮します。今後どのような対応をしてほしいかは、具体的に明記しましょう。督促状と比べて催促する度合いが低いため、**「法的手段」という表現は避けます**。

● 催促状の書き方

催促状で挨拶文を記載したら、次にこれまでの経緯について簡単にまとめ説明します。もし、相手の納期の遅延や振り込みの遅延で催促状を送るのなら、それが原因で困っている現状を丁寧に伝え、相手に何をしてほしいかを明記します。このとき、「○○日までに」という期限を明確に設け、現在の相手の状況についての説明を求めましょう。**催促状が届くまでの間で相手と行き違いが発生する可能性もあるため「ご容赦ください」などの一文も添えるとよいでしょう**。

催促状

催促状は、相手が支払いや納期を遅延している場合に送る文書です。催促状ではどうして遅延しているのかの回答を求めるとともに、速やかに入金・納品をしてもらうようお願いします。

納期が過ぎている場合、いつ発注したものか、納期はいつだったのかを明記し、納期遅延の影響で自社の業務にも支障が出ていることを伝える。

先方が納品できていないことに気が付き、すでに対応している可能性もあるために、この一文を添える。

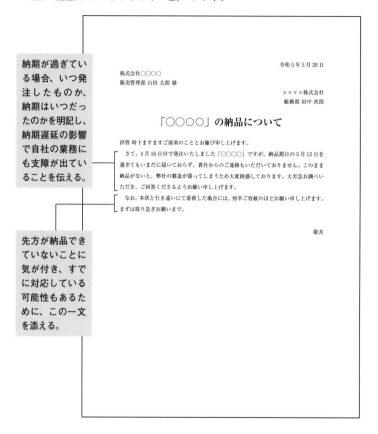

令和5年5月20日

株式会社○○○○
販売管理部 山田 太郎 様

××××株式会社
総務部 田中 次郎

「○○○○」の納品について

拝啓 時下ますますご清栄のこととお慶び申し上げます。

さて、4月16日付で発注いたしました「○○○○」ですが、納品期日の5月12日を過ぎてもいまだに届いておらず、貴社からのご連絡もいただいておりません。このまま納品がないと、弊社の製造が滞ってしまうため大変困惑しております。大至急お調べいただき、ご回答くださるようお願い申し上げます。

なお、本状と行き違いにて着荷した場合には、何卒ご容赦のほどお願い申し上げます。

まずは取り急ぎお願いまで。

敬具

Point ☑ **約束を守ってもらうためにある**催促状
☑ **冷静**な対応が必要
☑ **困っている現状**を伝える

先方からの不当な抗議を
きれいに解決できる反駁状

● 反駁状とは

反駁状は相手からの抗議に反対の意見を伝える際に使用される文書
です。相手から契約内容の不履行や納期遅延などの抗議があった場合、
それを否定しこちらの正統性を理解してもらうことを目的としていま
す。抗議文などが届いたら**速やかに事態を把握し、契約書を確認する**
などして客観的な証拠を見つけましょう。

● 要点を整理して反論する

こちらに非がない事態であっても**感情的にならず、落ち着いて対応**
することが大切です。相手の主張を反復しながら、一つずつ要点を整
理します。反論するべき部分ははっきりと伝え、冷静な態度で臨みま
しょう。反駁状を送ったあとも良好な関係を保ち、自社のイメージを
損なわないよう心がけます。

● 客観的な事実を述べる

不当な抗議に反論するには、相手も納得できる客観的な事実がある
とよいでしょう。**納入控えや契約書、領収証など、状況に応じてこち**
らの正統性を示す根拠を明記します。相手の落ち度であっても、迷惑
をかけている状況や問題が起きないよう改善できる余地があった場合
は、ひと言お詫びする文章を付け加えるのもよいでしょう。ただし個
人の主観に基づくクレームに対してはこの限りではありません。誠意
を持って商品やサービスを提供していることだけ伝えましょう。

反駁状は、先方からの抗議状に対して自社に非がないことを明らかにする文書です。証拠として過去の文書なども必要になってくる場合もあるので、過去の取引文書も捨てずに保管しておきましょう。

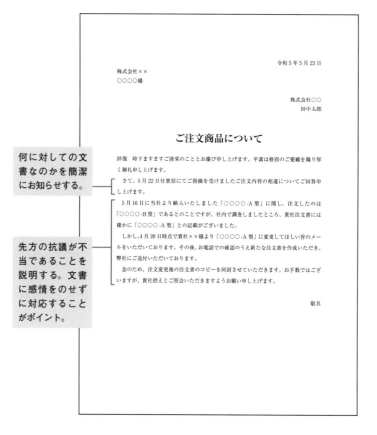

令和 5 年 5 月 23 日

株式会社××
○○○○様

株式会社○○
田中太郎

ご注文商品について

拝復　時下ますますご清栄のこととお慶び申し上げます。平素は格別のご愛顧を賜り厚く御礼申し上げます。

さて、5 月 22 日付貴信にてご指摘を受けましたご注文内容の相違についてご回答申し上げます。

5 月 16 日に当社より納入いたしました「○○○○-A 型」に関し、注文したのは「○○○○-B 型」であるとのことですが、社内で調査しましたところ、貴社注文書には確かに「○○○○-A 型」との記載がございました。

しかし、4 月 20 日時点で貴社××様より「○○○○-A 型」に変更してほしい旨のメールをいただいております。その後、お電話での確認のうえ新たな注文書を作成いただき、弊社にご送付いただいております。

念のため、注文変更後の注文書のコピーを同封させていただきます。お手数ではございますが、貴社控えとご照会いただきますようお願い申し上げます。

敬具

何に対しての文書なのかを簡潔にお知らせする。

先方の抗議が不当であることを説明する。文書に感情をのせずに対応することがポイント。

第5章

業務に関する社外文書

Point

☑ 抗議に対して**反論**するのが反駁状
☑ 要点を整理して**冷静に対応**する
☑ **客観的な事実**を集めて根拠を示す

基本的なことは知っておきたい！
契約書のポイント

● 契約書とは

　相手と契約をする際に使われるのが契約書です。業務をスムーズに行えるよう双方合意のもとで作成されます。**契約の内容を明らかにして確認すること、トラブルを未然に防ぐことが可能**で、トラブルが起きた場合は証拠として機能します。言った、言わないの論争が起きないよう、重要性が高い内容ほど契約書を作りましょう。

● 基本的な構成

　契約書の冒頭に当事者の名前を記し、そのあとは（甲）（乙）（丙）などの略称になる旨をことわる一文を入れます。契約の内容を箇条書きで記し、契約を交わした日を明記。最後に双方の所在地、会社名、代表者名を記載するのが一般的です。**収入印紙と所在地には双方が押印します**。契約書に割印をして文書の正統性を表す場合もあります。

● 事前に予想できるトラブルにもとづいて作成

　万が一トラブルが起きたときでも、契約書に明記があればそれに従って法的な措置を速やかに取ることが可能です。**契約後に考えられるトラブルはできるだけ詳しく記します**。契約時に双方が文書に目を通しますが、特に重要な項目は確認の意味を込めて該当箇所を見ながら口頭で説明してもよいでしょう。契約の内容によっては、契約書の作成が法的に義務付けられている場合もあります。間違いがあると契約自体が無効になってしまうため、注意しましょう。

契約書

契約書は法令に違反しないよう、契約当事者の権利と義務を明確に示した文書になります。内容が妥当なものであるかが重要です。

税法で定められた金額の収入印紙を貼ることが義務付けられている。

契約者の氏名や会社名を「甲」「乙」「丙」などと省略して記載する。

最後に契約完了の証として、それぞれの所在地、会社名、代表者名を記載し、社印を捺印する。

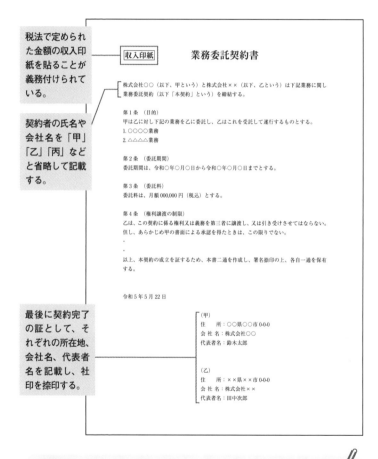

> | 収入印紙 |　　　　業務委託契約書
>
> 株式会社○○（以下、甲という）と株式会社××（以下、乙という）は下記業務に関し業務委託契約（以下「本契約」という）を締結する。
>
> 第1条 （目的）
> 甲は乙に対し下記の業務を乙に委託し、乙はこれを受託して遂行するものとする。
> 1. ○○○○業務
> 2. △△△△業務
>
> 第2条 （委託期間）
> 委託期間は、令和○年○月○日から令和○年○月○日までとする。
>
> 第3条 （委託料）
> 委託料は、月額000,000円（税込）とする。
>
> 第4条 （権利譲渡の制限）
> 乙は、この契約に係る権利又は義務を第三者に譲渡し、又は引き受けさせてはならない。
> 但し、あらかじめ甲の書面による承認を得たときは、この限りでない。
> ．
> ．
> ．
> 以上、本契約の成立を証するため、本書二通を作成し、署名捺印の上、各自一通を保有する。
>
> 令和5年5月22日
>
> （甲）
> 住　　所：○○県○○市0-0-0
> 会 社 名：株式会社○○
> 代表者名：鈴木太郎
>
> （乙）
> 住　　所：××県××市0-0-0
> 会 社 名：株式会社××
> 代表者名：田中次郎

Point

- ☑ 契約の内容を明らかにしてトラブルを防ぐ
- ☑ 双方が必ず社印を捺印する
- ☑ 内容によっては契約書の作成が義務となる場合も

インボイス制度を
もっと詳しく

· ·

　2023年10月からはじまるインボイス制度。非常に重要な制度なので、しくみを理解することが必要です。

　そもそもインボイスとは「国が公認した請求書」のことで、事業取引の消費税支払い証明書としての役割があります。これを申請することができるのは、年間売上1000万円以上の課税事業者。これまで売上がそれ以下の人（免税事業者）は消費税が免除されていました。

　ここで問題なのが、制度導入後はインボイスを持っていないと消費税を支払っている証明ができなくなってしまうこと。すると課税事業者と免税事業者間の取引では、課税事業者が免税事業者の消費税まで支払わなくてはいけなくなってしまい、免税事業者の仕事が減ったり、消費税を差し引いた額の報酬しか得られなくなってしまうのです。

インボイス制度の メリット	インボイス制度の デメリット
●消費税納税の透明性が向上する	●経理業務の負担が増える
●取引先から契約を 　継続してもらいやすくなる	●インボイスを持っていないと 　消費税納税の証明ができない
●電子インボイスの導入により 　紙を発行するコストが 　削減できる	●免税事業者は 　仕事が減る恐れがある
	●免税事業者の立場が弱くなる

\ 実例から学ぶ③ /

社交に関する
社外文書

業務に関する社外文書とは異なり、新人のうちはあまり出番がないのが社交文書です。しかし、勤続年数が長くなるにつれ、関わる人の数も取引の数も増えていくことでしょう。いつか必要になったときに困らないよう、社交文書もばっちり押さえておきましょう。

社交文書で使ってはいけない言葉

● 社交文書とは

社外文書は、業務に関する文書と社交的な文書に区別することができます。社交文書とは、取引関係のある会社に業務に関する内容ではなく、お祝いやお見舞い、お礼などを送る文書のことです。業務に関するやり取りのほうが大切に思うかもしれませんが、取引先と良好な関係を維持していくために社交文書はとても重要になってきます。

● 社交文書は業務文書よりも礼儀に気を使う

まず、社交文書は業務で扱う文書とは異なり、縦書きで作成することが基本となります。そして、社交文書は挨拶状やお祝い状、お悔やみ状など仕事とは関係のない文書が該当するので、**仕事の話に触れることも NG**。また、業務文書では時候の挨拶を「時下」とし省略することがありますが、社交文書では省略せず書く必要があります。

● 社交文書で特に注意すべきはワードチョイス

挨拶だけでなく、お祝い状や、お悔やみ状などでは**縁起が悪い「忌み言葉」**や、繰り返しが連想される**「重ね言葉」は絶対に使ってはいけません**。忌み言葉には「切れる」「終わる」などの言葉が該当しますが、たとえばお祝い状を出す際、これらの言葉は「祝いごとが終わる」ことを連想させてしまうので NG とされています。また、重ね言葉には「重ねる」「再び」などがありますが、これもお悔やみ状などで使ってしまうと、「訃報が重なる」ことを連想させてしまいます。

社交文書の基本

社交文書は縦書きで作成することが基本

仕事とは別の文書なので、業務に関する内容は省く

時候の挨拶は省略せずに書く

形式をまるまる移すことはしない

忌み言葉、重ね言葉を使わない

忌み言葉・重ね言葉

切れる	すべての社交文書で NG	**飽きる**	結婚祝いで NG
終わる	すべての社交文書で NG	**割れる**	結婚祝いで NG
死	すべての社交文書で NG	**帰る**	新婚祝いで NG
落ちる	すべての社交文書で NG	**別れる**	新婚祝いで NG
壊れる	新築・開店祝いで NG	**また**	新婚・お悔やみで NG
焼ける	新築・開店祝いで NG	**重ねる**	新婚・お悔やみで NG
閉じる	新築・開店祝いで NG	**四**	お悔やみで NG
潰れる	新築・開店祝いで NG	**九**	お悔やみで NG

Point

☑ 社交文書は取引先との関係を良好に保つためのもの

☑ 時候の挨拶や慶賀の挨拶などを省略しない

☑ 忌み言葉や重ね言葉を使用しないように注意する

日ごろの感謝を伝えるための挨拶状

● 日ごろの感謝を挨拶状で伝える

　社交文書のなかには、季節ごとに出す挨拶状があります。一番なじみ深いのは年賀状ですが、出したことがないだけで暑中見舞いや寒中見舞いなども聞き覚えがあるかと思います。年賀状は、新年を祝い、日ごろの感謝を伝える意味が込められており、**時期としては元旦〜1月7日くらいまでに届くように出す**ことが理想です。

● 暑中見舞いや寒中見舞いの意味

　暑中見舞いや寒中見舞いは、季節の変わり目に出す挨拶状です。日ごろの感謝を伝えるだけでなく、季節の変わり目に互いの体調を気遣い合うことで、今後もよい関係で付き合っていきたい意思を示すのです。**暑中見舞いは梅雨明け〜8月8日くらいまでの暑くなってくる時期**に出します。**寒中見舞いは、1月8日〜2月4日**ほどまでです。

● 季節の挨拶状を作成するときの注意点

　暑中見舞いや寒中見舞いは、伝えそびれていた近況を報告する際に時期に合わせて送られることが多い文書です。仕事関連でいうと、転勤などを伝えるなどが該当しますが、自分の近況を伝えることに気を取られないように注意しましょう。**暑中見舞い・寒中見舞いなどは「季節の変わり目に相手の体調を気遣う文書」**です。近況報告があってもこの文書での主役は相手を気遣う文章なのです。また、「〇〇お見舞い申し上げます」が頭語の役目を担っています。

年賀状

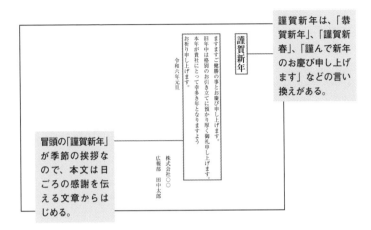

謹賀新年は、「恭賀新年」、「謹賀新春」、「謹んで新年のお慶び申し上げます」などの言い換えがある。

冒頭の「謹賀新年」が季節の挨拶なので、本文は日ごろの感謝を伝える文章からはじめる。

謹賀新年

ますますご健勝の事とお慶び申し上げます。
旧年中は格別のお引き立てに預かり厚く御礼申し上げます。
本年が貴社にとって幸多き年となりますよう
お祈り申し上げます。

令和六年元旦

株式会社○○
広報部　田中太郎

暑中見舞い

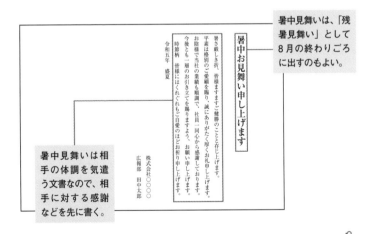

暑中見舞いは、「残暑見舞い」として8月の終わりごろに出すのもよい。

暑中見舞いは相手の体調を気遣う文書なので、相手に対する感謝などを先に書く。

暑中お見舞い申し上げます

暑さ厳しき折、皆様ますますご健勝のことと存じ上げます。
平素は格別のご愛顧を賜り、誠にありがたく厚くお礼申し上げます。
お陰様で当社の業績も順調で、社員一同心から感謝しております。
今後とも一層のお引き立てを賜りますよう、お願い申し上げます。
時節柄、皆様にはくれぐれもご自愛のほどお祈り申し上げます。

令和五年　盛夏

株式会社○○○○
広報部　田中太郎

Point

☑ 季節の挨拶状は、**相手の体調を気遣うこと**が目的
☑ 伝えそびれていた**近況報告**を文書内に入れる
☑ 拝啓−敬具などの**頭語・結語**は用いない

寒中見舞い

寒中お見舞い申し上げます

寒さが厳しい折、貴社の皆様におかれましてはお変わりなく、お過ごしでしょうか。

貴社には平素より格別なお引き立てを賜り、厚く御礼申し上げます。

おかげさまで弊社も穏やかな新年を迎えております。

まだまだ寒さが続くと思われますが、皆様がご健康で本年もますますご躍進されますことをお祈り申し上げます。

株式会社○○
田中太郎

最後に相手の体調や健康を気遣う言葉を必ず入れる。

喪中の方への寒中見舞い

寒中お見舞い申し上げます

服喪中のことと存じ、年始のご挨拶は遠慮させていただきましたが

寒冷の候、いかがお過ごしでしょうか。

ご家族の皆様はお力を落としのことと存じますが、

お心を強くお持ちになってお過ごしください。

今年は例年より厳しい寒さが続いておりますので、どうぞご自愛ください。

令和六年一月

株式会社○○
田中太郎

喪中の人には年賀状は出さない。しかし、事前に喪中を知っていたなら寒中見舞いを使って挨拶を送ることがある。

喪中のため、はじめの文は従来の寒中見舞いと少し異なる。最後は必ず相手の体調や健康を気遣う言葉を入れる。

お中元の挨拶

謹啓 初夏の候、貴社ますますご清祥のこととお慶び申し上げます。平素は、格別のお引き立てを賜り、厚く御礼申し上げます。

早速ではございますが、貴社からご懇誼賜りました御礼とご挨拶を兼ねて、心ばかりの品をお贈りいたしました。本来であれば直接お伺いし（十六日到着予定で）てご挨拶申し上げるべきところ、誠に失礼とは存じますが、ご笑納いただけtれば幸いに存じます。

今後とも変わらずお引き立ての程、よろしくお願い致します。

謹白

> お中元やお歳暮の挨拶では、必ず時候の挨拶を入れる。

> 直接渡しにいけなかったことを詫びる文を入れるのも通例。

お歳暮の挨拶

謹啓 月迫の候、ますますご清栄のこととお喜び申し上げます。平素は格別のご懇情を賜り、厚く御礼申し上げます。

さて、我社が無事に年の瀬を迎える事ができましたのは、ひとえに皆様のご指導とご助力のたまものと存じ、ありがたく御礼申し上げます。

つきましては、感謝の気持ちを込め、お歳暮の粗品を別送いたしましたので、ご笑納いただければ幸いに存じます。

明年も変わらぬご厚誼を賜りますよう、なにとぞよろしくお願い申し上げます。

年末ご多忙のおりではございますが、皆様のさらなるご健勝とご活躍をお祈り申し上げます。

令和五年十二月六日

敬白

> お中元とは違い、12月に送るお歳暮は、今年1年の感謝を贈り物とともに伝える。最後の文章は、「まずは、書中にて挨拶まで。」としても問題ない。

社内の状況の変化を 伝える挨拶状

● 季節の挨拶状と何が違う?

138 〜 141 ページで季節の挨拶状について説明しましたが、ここで説明する挨拶状は**「社内や自分の周りの近況」をメインに伝え**、今後も長く付き合っていきたいという思いを相手に伝える文書になります。会社のことなら創立記念日、移転、支社の開業などが該当し、個人のことなら独立などを挨拶状を用いて相手に伝えることが多いです。

● 挨拶状では感謝や今後の抱負を伝える

挨拶状は、本題のみを伝えればよいわけではありません。**順序を踏んで伝えなければ失礼にあたってしまいます**。まずは、慶賀の挨拶を用いて相手に感謝を伝えましょう。そのあとで本題に入ります。そこで今後の抱負を一緒に伝えることで本題への理解が深まり、「これからも長く関係を続けたいです」という思いも伝わりやすくなります。

● 挨拶状では頭語・結語を忘れずに

季節の挨拶状は、「○○お見舞い申し上げます」という言葉が頭語の役割を果たすので、結語は必要ありませんが、**ここでの挨拶状は、頭語・結語を用いてより儀礼的な文書になるように作成**しましょう。また、挨拶状は縦書きでハガキなどで送るのが基本ですが、社屋の移転や支社の開業などは通知の意味合いも強い文書になるので、横書きでも問題ありません。ただし、いくら通知の意味合いがあっても挨拶状であることには変わりありません。

社交文書は基本、縦書きで作成しますが、下記のようなお知らせの意味合いが強い挨拶状の場合は、横書きで作成することもあります。

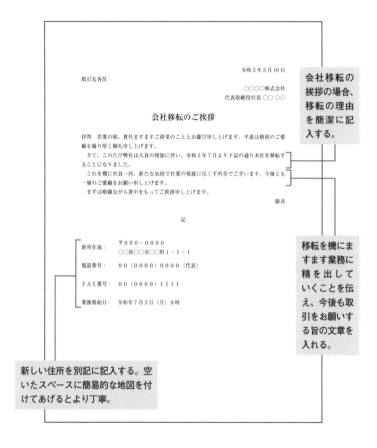

令和5年5月10日

取引先各位

○○○○株式会社
代表取締役社長 ○○ ○○

会社移転のご挨拶

拝啓　若葉の候、貴社ますますご清栄のこととお慶び申し上げます。平素は格別のご愛顧を賜り厚く御礼申し上げます。

さて、このたび弊社は人員の増加に伴い、令和5年7月より下記の通り本社を移転することになりました。

これを機に社員一同、新たな気持で社業の発展に尽くす所存でございます。今後とも一層のご愛顧をお願い申し上げます。

まずは略儀ながら書中をもってご挨拶申し上げます。

敬具

記

新所在地：　〒000-0000
　　　　　　○○県○○市○町1-1-1

電話番号：　00（0000）0000（代表）

FAX番号：　00（0000）1111

業務開始日：　令和年7月3日（月）9時

会社移転の挨拶の場合、移転の理由を簡潔に記入する。

移転を機にますます業務に精を出していくことを伝え、今後も取引をお願いする旨の文章を入れる。

新しい住所を別記に記入する。空いたスペースに簡易的な地図を付けてあげるとより丁寧。

Point 👆
☑ 挨拶状では**順序を踏んで**本題を伝える
☑ 頭語・結語を**忘れずに用いる**
☑ 挨拶状なので**事業内容の宣伝は避ける**

第6章

❀ 社交に関する社外文書

転勤・転職・退職などの個人的な事情を伝える挨拶状

● 個人的な挨拶もきちんと文書で

転勤や転職などの知らせは取引で直接関わりがあった相手と1対1で行われるやり取りになります。わざわざ文書でなくても、会ったときに伝えたり、メールでもよいのでは？　と思う人もいるかもしれませんが、**文書を使って時間と労力をかけることが、相手への敬意となる**ので、こうした文書はデジタル化が進んでいる今でも多く扱われています。

● 仕事を引き継いだ場合は後任と連名で出す

転勤や転職などによって、担当していた案件を誰かに引き継いだ場合、相手には**自分が担当を外れることと、後任が誰になるのかを伝える必要があります**。こうした場合、1枚の2つ折りハガキが用いられることが多いです。後任を任された人の挨拶と、担当を外れる人の挨拶をわけて書くという方法も多く使われています。

● 連名でない場合の注意点

後任と連名で文書を出すパターンもありますが、個人的に転勤や転職を知らせる場合も多くあります。頭語や結語、慶賀の挨拶や時候の挨拶などは通常通りですが、1点だけほかの文書と異なる点があります。それが「私儀」です。**私儀とは、「私」の謙譲語にあたります。このひと言が「私ごとで大変恐縮ですが、」の代わりとなるので、覚えておくのがよいでしょう。**

個人的な事情を知らせる挨拶状

転勤の挨拶

謹啓　若葉の候、ますますご清祥のこととお慶び申し上げます。

さて、私ことこのたび異動により〇〇の勤務を命ぜられました。

〇〇在勤中は公私ともに格別のご厚情を賜わり心より感謝申し上げます。

今後とも変わらぬご指導ご鞭撻のほどよろしくお願い申し上げます。

略儀ながら書中をもちまして御挨拶申し上げます。

令和五年五月二十日

株式会社〇〇

田中太郎

敬白

これまでお世話になったことに対するお礼と、勤務地が変わっても、これまでと変わらない付き合いをお願いする言葉を記入する。

新しくどこに着任したかを記入する。

転職の挨拶

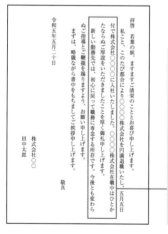

拝啓　若葉の候、ますますご清栄のこととお喜び申し上げます。

私こと、このたび都合により〇〇〇〇株式会社を円満退職いたし、五月五日付で〇〇〇〇株式会社に入社いたしました。〇〇〇〇株式会社在職中はひとかたならぬご厚誼をいただきましたことを厚く御礼申し上げます。

新しい勤務先には、初心に戻って職務に専念する所存です。今後とも変わらぬご指導とご鞭撻を賜りますよう、お願い申し上げます。

まずは、略儀ながら書中をもちましてご挨拶申し上げます。

令和五年五月二十日

株式会社〇〇

田中太郎

敬具

転職の理由を文書内で細かく記入する必要はなく、「円満退社」とする。前の職場でお世話になったことのお礼と、勤務地が変わってもこれまで通りの付き合いをお願いする言葉を記入する。

Point

- ☑ 挨拶を文書にする労力が直接相手への敬意となる
- ☑ 挨拶の内容によってハガキの種類も変わる場合がある
- ☑ 「私儀」は謙譲語なので文書でも端に配置する

慶事を祝うお祝い状で
相手との関係を深める

● お祝い状はすぐに送ることが大切

お祝い状は、関わりがある会社や個人が好転したときに送る文書です。相手の状況を共に喜ぶことで、今後の関係性がさらによくなることが期待できます。お祝い状は、**知らせを聞いたら1カ月以内に出すことを心がけましょう。** うっかり忘れてしまっても、「遅くなりましたが、」とひと言を添えて文書を出すのが望ましいです。

● お祝い状のルール

お祝い状では礼儀に配慮した内容を心がけるようにしましょう。ただし、親しい関係の人へ送るのであれば、前文などを省略してもよいとされています。また、お祝い状は「相手を祝うこと」が目的です。**ほかの文書では本題と関係ない内容を補足で入れたりもしますが、お祝い状では祝う気持ちが薄いととらえられてしまうのでNG** です。

● 贈り物で印象がさらにアップ

祝いの言葉だけでも礼儀としては問題ありませんが、一緒に祝いの品を送ることによってさらに相手との関係性が深まるでしょう。ただし、何も伝えずに送ってしまうことはマナー違反です。**祝いの品を送る際も、届くことを事前に文書のなかで知らせることが礼儀として大切** です。祝いの品では、胡蝶蘭などの花が送られることが多いです。また、言葉の表現として、忌み言葉を避けることと、環境の好転が相手のプレッシャーになってしまうような言葉は避けましょう。

お祝い状

お祝いの内容を簡潔に記入する。相手の栄転であれば、「〇〇にご栄転されましたことを承り……」などに言い換えることができる。

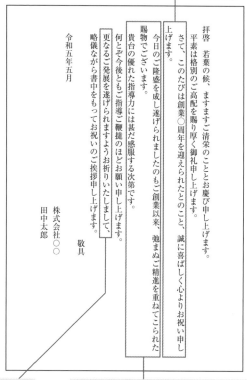

拝啓　若葉の候、ますますご清栄のこととお慶び申し上げます。

平素は格別のご高配を賜り厚く御礼申し上げます。

さて、このたびは創業〇周年を迎えられたとのこと、誠に喜ばしく心よりお祝い申し上げます。

今日のご隆盛を成し遂げられましたのもご創業以来、弛まぬご精進を重ねてこられた賜物でございます。

貴台の優れた指導力には甚だ感服する次第です。

何とぞ今後ともご指導ご鞭撻のほどお願い申し上げます。

更なるご発展を遂げられますようお祈りいたしまして、略儀ながら書中をもってお祝いのご挨拶申し上げます。

敬具

令和五年五月

株式会社〇〇
田中太郎

今後の期待も忘れずに記入する。

例では、会社が何十年と続いていることをお祝いする文書なので、人を変えるのではなく、会社全体を褒める文章を心がける。

Point

☑ 知らせを聞いたら **1 カ月以内**に文書を出す
☑ 祝いの文書では**言葉の表現**に人一倍気を遣う
☑ **祝いの品**を送るときは文書のなかでひと言伝える

慶事を祝ってもらったときに 出すお礼状

• お礼を直接いわず文書にして出す意味とは?

　誰かに感謝するとき、お礼をするのが常識でありマナーだとされています。現代では、お礼などの大切なことは直接伝えたいと思う方も多いかもしれません。もちろん、直接感謝を述べることは大切です。しかし、それにプラスして文書でも伝えることで、**気持ちが目に見える形として残っていくので、今でもお礼状の文化が残っています。**

• 形式に沿いながらも文書の内容はオリジナル性を

　お礼状も礼儀に配慮して作成する必要があります。しかし、ただ形式をなぞるだけではかえって感謝の気持ちが伝わらないこともあります。**お祝い状のやり取りがあるということは、数々のビジネスシーンを共にした証拠**です。その人のおかげで仕事が好転したエピソードなどを文書のなかに入れることでより感謝の気持ちが伝わるでしょう。

• 相手の関係性に応じて文書の形も変えていく

　お礼状は、お祝い状が送られてきたらすぐに送るようにしましょう。具体的な日数などは特に決まっていませんが、遅くなりすぎると感謝の気持ちが伝わりづらくなります。そして、お礼状を送るとき、パソコンで作成するより、手書きのほうが気持ちが一層伝わることもあります。お礼状も縦書きで書くことが一般的とされていますが、**デジタル化が進んだ昨今では、横書きを好む会社もなかにはあります。**相手の会社や人柄をよく見て、対応するようにしましょう。

祝い事の種類

開業	自分でお店を開いたり事業を起こした場合、関係各所からお祝い状が届く
栄転	自分が栄転したとき、以前取引のあった個人からお祝い状が届く
昇進	自分が昇進したとき、取引のある個人から祝いと期待の言葉が寄せられる
勤続	創業〇周年のように、勤務年数が長ければそれを祝ってもらえることもある
転勤	新しい環境でも頑張ってください、という意味を込めて祝いと激励の言葉が寄せられることがある

お礼状のポイント

お礼状は、祝い状が届いたらすぐに作成し送る

お礼状を書くときは、葉書はなるべく避けるようにする

**形式ばかりに頼らず、感謝の気持ちを
自分の言葉で書けるようにする**

**パソコンで作成してもよいが、
手書きのほうが気持ちが伝わるため望ましいとされている**

忌み言葉、重ね言葉を使わない

Point

☑ なるべく**その人とのエピソード**を入れる
☑ お祝い状に対するお礼状はなるべく**手書き**にする
☑ **会社**によって書式や形式を変えて対応する

昇進のお礼状

昇進を関係者にお祝い状で祝ってもらったら、すぐにお礼の文書を出すようにしましょう。

祝ってくれたことに対してお礼を伝える。その際、贈り物もいただいたら例のように、贈り物に対してのお礼も一緒に伝えるようにする。

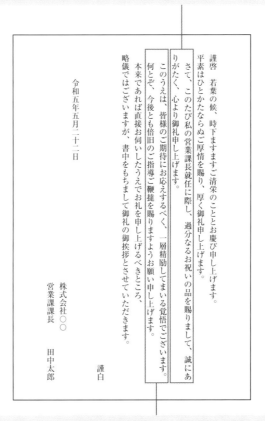

謹啓　若葉の候、時下ますますご清栄のこととお慶び申し上げます。

平素はひとかたならぬご厚情を賜り、厚く御礼申し上げます。

さて、このたび私の営業課長就任に際し、過分なるお祝いの品を賜りまして、誠にありがたく、心より御礼申し上げます。

このうえは、皆様のご期待にお応えするべく、一層精励してまいる覚悟でございます。

何とぞ、今後とも倍旧のご指導ご鞭撻を賜りますようお願い申し上げます。

本来であれば直接お伺いしたうえでお礼を申し上げるべきところ、略儀ではございますが、書中をもちまして御礼の御挨拶とさせていただきます。

謹白

令和五年五月二十二日

株式会社○○
営業課課長

田中太郎

祝ってもらったことに対するお礼を伝えたら、今後の抱負を簡潔に記入する。そして立場が変わってもこれまでと変わらない付き合いをお願いする。

お中元のお礼状

お中元やお歳暮をもらった際も、お礼状を出しましょう。このとき、お礼状では相手の会社の繁栄などを祈る文章を付けるのが基本です。

お中元の場合は「盛夏の候」、お歳暮の場合は「師走の候」などと言い換える。

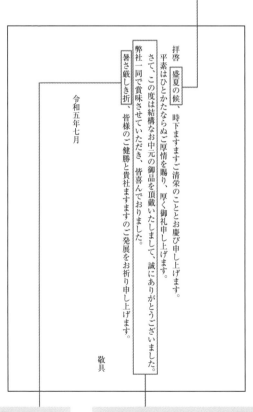

拝啓　盛夏の候、時下ますますご清栄のこととお慶び申し上げます。平素はひとかたならぬご厚情を賜り、厚く御礼申し上げます。

さて、この度は結構なお中元の御品を頂戴いたしまして、誠にありがとうございました。弊社一同で賞味させていただき、皆様で喜んでおりました。

暑さ厳しき折、皆様のご健勝と貴社ますますのご発展をお祈り申し上げます。

敬具

令和五年七月

お中元は「暑さ厳しき折」、お歳暮は「向寒の折」などと言い換える。

お中元の品をいただいたことに関するお礼と、いただいたお中元の感想をセットで記入する。喜んだことが最大限に伝わるよう心がける。

相手が不慮の出来事に
見舞われたときのお見舞い状

● 相手を元気づけるためのお見舞い状

　相手が病気をしたとき、災害や事故に巻き込まれたときに出す文書がお見舞い状にあたります。お見舞い状もすぐに出すことが理想的ですが、**相手にとっても非常に大変な期間なので、状況を把握してから出すようにしましょう。**お見舞い状は相手を案じ、励ましの言葉を送る目的があります。仕事に関する話題は避けるなどの配慮が必要となります。

● お見舞いをメールで送ることもある

　昨今では、新型コロナウイルスなどに感染していても、体調に問題がない人はテレワークをしていることもあるでしょう。このような場合はお見舞いメールを送ることがあります。メールでは、**送信する時間帯に気を付けて長文にならないことを心がけましょう。**文書でもメールでも相手に負担を感じさせないことが大切です。

● お見舞い状・お見舞いメールの注意点

　お見舞い状やお見舞いメールは、相手の状況を知って緊急で送るものです。そのため、**時候の挨拶は省き、心配していることを真っ先に伝えるようにしましょう。**また、忌み言葉や重ね言葉を使うことや、相手の状況を必要以上に質問するような内容はご法度です。相手にとっては思い出したくないこと、話したくないことかもしれません。相手の立場に立った文章を考えることが大切です。

災害のお見舞い状

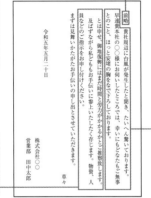

お見舞い状は、緊急で出す文書なので、季節の挨拶などは省き、頭語も「前略」とする。

もし手が空いているのなら、手伝えることは何でもするという意思を伝える。

相手の会社や個人の周辺であった災害の報に接し驚いていること、心配していること、無事がわかっているなら無事でよかったと感じていることを伝える。

前略　貴社周辺に台風が発生したと聞き、たいへん驚いております。
早速貴本社の○○様にお伺いしたところでは、幸いにもなにも被害はないとのこと、ほっと安堵の胸をなでおろしております。
とは申せ、御地復興にはまだ時間と労力がかかるかとご推察致します。物資、人員などのご指示をお申し付けください。私どももお手伝いさせていただきます。
まずは見舞いかたがたお手伝いの申し出とさせていただきます。

草々

令和五年五月二十日

株式会社○○
営業部　田中太郎

病気のお見舞い状

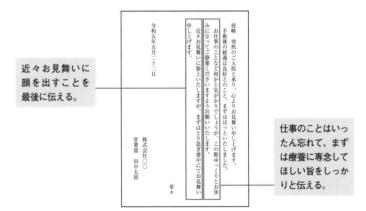

近々お見舞いに顔を出すことを最後に伝える。

仕事のことはいったん忘れて、まずは療養に専念してほしい旨をしっかりと伝える。

前略　突然のご入院と承り、心よりお見舞い申し上げます。
手術後の経過は良好とのこと、まずはほっといたしました。
お仕事のことなど何かと気がかりでしょうが、この際ゆっくりとお休みになってご静養ください。
近々お見舞いに参上いたしますが、まずはとり急ぎ書中にてお見舞い申し上げます。

草々

令和五年五月二十二日

株式会社○○
営業部　田中太郎

Point

☑ お見舞い状は**詳しい状況を把握してから**速やかに出す

☑ **時候の挨拶は使わず**、忌み言葉や重ね言葉にも注意

☑ **仕事の話や状況を詮索するような内容はNG**

別れを惜しみ、追悼の意を示すお悔やみ状

• 初七日までに出す

　仕事の関係者の訃報を知った場合、葬式に参加できない理由があるときは、お悔やみ状を出します。**これは礼儀として初七日までに出しましょう。** もし、初七日を過ぎてから訃報を知った場合でも、速やかに文書を送ることが大切です。葬式に顔を出せないことやお悔やみ状を出すことが遅れてしまった理由を詳しく書く必要はありません。

• お悔やみ状を遺族に直接出すことはしない

　訃報に接した相手が仕事関係の人だった場合、遺族に直接出すのではなく、会社宛にお悔やみ状を送るようにしましょう。お悔やみ状は、**社交文書のなかでも特に形式やマナーが重要視される文書です。**書き終えたら、忌み言葉や重ね言葉を使っていないか、失礼にあたる記述がないかを出す前に何度も確認するとよいでしょう。

• お悔やみ状で気を付けておきたいこと

　本来、お悔やみというのは直接伝えることがマナーです。そこを文書で対応することは略式となります。そのため、詳しい理由を説明する必要はないものの、顔を出せない理由などは簡潔に伝えながらお詫びをしましょう。また、時候の挨拶は使わず、すぐに本題に入ることがお悔やみ状でのマナーです。**頭語は使わず、「合掌」「敬具」のみの結語を置くことも併せて覚えておくとよいでしょう。**忌み言葉、重ね言葉以外に、「死」を連想させる言葉を使うことも NG です。

お悔やみ状のポイント

不幸を知ったらすぐに出す

頭語や季節の挨拶は不要

**お悔やみ状に関しては、
形式を大切に忌み言葉を使わないようにする**

お悔やみ状

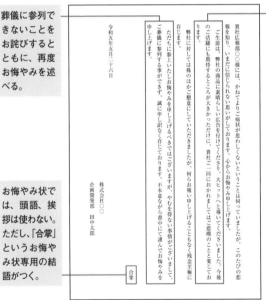

葬儀に参列できないことをお詫びするとともに、再度お悔やみを述べる。

お悔やみ状では、頭語、挨拶は使わない。ただし、「合掌」というお悔やみ状専用の結語がつく。

生前の仕事ぶりにどれだけ助けられたか、感銘を受けたかなどを文書のなかに入れる。

令和五年五月二十六日

株式会社○○
企画開発部
田中太郎

貴社広報部○○様には、かねてよりご病状が思わしくないということは伺っていましたが、このたびの悲報を知り、いまだに信じられない思いがしております。心からお悔やみ申し上げます。

ご生前は、弊社の商品に表彰らしい広告を付けてくださり、大ヒットへと導いてくださいました。今後のご活躍にも期待するところが大きかっただけに、貴社ご一同におかれましてはご悲嘆のことと案じております。

弊社に対しては株のほかご懇意にしていただきましたが、何らお報い申し上げることもなく残念至極に存じます。

ただちに参上いたしお悔やみを申し上げるべきではございますが、やむを得ない事情がございまして、不本意ながら書中にて謹んでお悔やみを、ご葬儀に参列する事ができず、誠に申し訳なく存じております。

申し上げます。

合掌

Point

☑ 訃報を知ったら**初七日**までに文書を出すようにする
☑ お悔やみ状は**略式**であることを覚えておく
☑ 「死」は「**ご逝去**」「**ご生前**」などに言い換える

巻末資料

時候の挨拶

【1月】
- 新春の候（正月）、初春の候（上旬）、寒冷の候（1月中）、大寒の候（下旬）
- 寒の入りを迎え、冷気日増しに深まるこのごろ、（上〜中旬）
- 大寒を迎え、寒さが厳しさを増しておりますが、（下旬）

【2月】
- 余寒の候（2月中）、立春の候（上旬）、春寒の候（中〜下旬）
- 余寒厳しき折、（上〜中旬）
- 寒気もようやく緩み始める時節を迎え、（中〜下旬）

【3月】
- 早春の候（上旬）、春暖の候、春陽の候（中〜下旬）
- 梅の香りただよう春暖のみぎり、（上旬）
- 膨らむ桜のつぼみが春の到来を告げるこのごろ、（中〜下旬）

【4月】
- 陽春の候（4月中）、桜花の候（桜が咲いているとき）
- 花の宴たけなわの春を迎え、（4月上旬）
- 春の光に新緑がまぶしく映えるこのごろ、（中〜下旬）

【5月】
- 新緑の候、薫風の候（5月中）、惜春の候（上旬）、軽暑の候（下旬）
- 若葉の緑鮮やかな折から、（上旬）
- 薫風緑樹をわたる好季節を迎え、（中〜下旬）

【6月】
- 初夏の候、薄暑の候（6月中）、入梅の候、長雨の候（梅雨の時期）
- 麦の穂も色づく季節を迎え、（上旬）
- 梅雨の季節を迎えましたが、（中旬）
- 雨上がりの緑がすがすがしい昨今、（下旬）

【7月】

- 盛夏の候、猛暑の候（7月中）、炎暑の候（下旬）
- 雨後の緑がいっそう色濃く感じられる昨今、（上旬）
- 暑いながらもすがすがしい季節を迎え、（中旬）
- 窓辺の風鈴がささやかな涼味を響かせる今日このごろ、（下旬）

【8月】

- 暮夏の候（上旬）、残暑の候、初秋の候（中〜下旬）
- 8月に入り、ひときわ厳しい日差しが照りつけておりますが、（上旬）
- 暦の上では立秋を迎え、秋の涼しさが待ち遠しく感じられる今日このごろ、（中旬）
- ひぐらしの声に涼味を覚える昨今、（下旬）

【9月】

- 初秋の候（上〜中旬）、秋晴の候（中〜下旬）、秋冷の候（下旬）
- 新秋の涼風が肌に心地よく感じられる今日このごろ、（上旬）
- さわやかな秋日和が続いておりますが、（中〜下旬）

【10月】

- 仲秋の候（10月中）、秋涼の候（上〜中旬）、紅葉の候（紅葉の時期）
- さわやかな秋の風が心地よく感じられる今日このごろ、（上〜中旬）
- 秋冷日増しに厳しくなるこのごろですが、（下旬）

【11月】

- 向寒の候（11月中）、晩秋の候（上旬）、初冬の候（中〜下旬）
- 菊の香りただよう霜月を迎えましたが、（上旬）
- 初霜の知らせを耳にするころとなりましたが、（中〜下旬）

【12月】

- 師走の候、寒冷の候、歳晩の候（12月中）
- 新雪が山々の頂を美しく覆うこのごろ、（上〜中旬）
- 木枯らし吹きすさぶ季節となりましたが、（下旬）

感謝の挨拶

- 平素は格別のご高配を賜り誠にありがとうございます。
- 日頃は特段のご配慮をいただき厚く御礼申し上げます。
- 毎々ひとかたならぬお引き立てをいただき心より御礼申し上げます。
- 過日はなにかとご愛顧にあずかり心より御礼申し上げます。
- 常日頃よりお心にかけていただきまして、感謝の念にたえません。
- 平素より格別なご厚情を賜り御礼申し上げます。
- 常々何くれとなくお心遣いをいただき深く感謝いたしております。
- 日頃は何かとご高庇にあずかり、厚く御礼申し上げます。
- 日頃は大変お世話になり厚くお礼申し上げます
- 平素は心ならずもご無音に打ち過ぎなにとぞご容赦ください。（ご無沙汰の場合）
- このようにご連絡が遅れましたこと、なにとぞご容赦ください。（返事が遅れたとき）
- 突然の不躾なお手紙をどうぞお許しください。（はじめて送る相手に対して）

【末文】

- まずは取り急ぎご挨拶まで。（挨拶状）
- まずは書中にてご挨拶申し上げます。（挨拶状）
- 略儀ながら書中をもちましてお礼とさせていただきます。（お礼状）
- 心より感謝と尊敬を込めて、お祝いとさせていただきます。（祝い状）
- 簡略ですが、ご報告まで。（通知状）
- 取り急ぎ書中にてお詫び申し上げます。（詫び状）
- 今後も変わらぬお引き立てをいただけますと幸甚でございます。（文書全般）
- ご理解のほど、伏してお願い申し上げます。（断り状など）

ビジネス英語と言い換え

英語	言い換え	英語	言い換え
アグリー	賛成	スクリーニング	選考
アサイン	割り当てる	セグメント	分ける
アジェンダ	議題	タスク	仕事
アテンド	接待	デッドライン	締め切り
アライアンス	同盟（契約を結ぶ）	ナレッジ	知識・熟知
イニシアチブ	主導権	ニッチ	凝っている
エビデンス	証拠	ノウハウ	秘訣
オンスケ	予定通り	バジェット	予算
キュレーション	精選している	フィードバック	助言
クリティカル	危機的	フィックス	定着
コアコンピタンス	核心	プライオリティ	優先順位
コンセンサス	一致	ブラッシュアップ	完成度を高める
コンプライアンス	法令遵守	ブルーオーシャン	まだ存在しない
サステナビリティ	持続可能性	ベネフィット	利益
サマリー	概要	ペンディング	未決定・保留
ショート	不足	モジュール	基準

参考文献・参考サイト

日本能率協会マネジメントセンター編『ビジネス文書の書き方がかんたんにわかる本』／
日本能率協会マネジメントセンター　2009

西出ひろ子著『正しいビジネスメールの書き方』／日本能率協会マネジメントセンター　2013

西出ひろ子著『入社1年目 ビジネス文書の教科書』／プレジデント社　2020

石黒圭・熊野健志編『ビジネス文書の基礎技術』／ひつじ書房　2021

木村幸子著『1時間でわかる 意図が伝わるビジネス文書の作り方』／技術評論社／2017

やさしい・かんたん　ビジネス文書

2023年6月10日　初版第1刷発行

編　者―――――日本能率協会マネジメントセンター
©2023　JMA MANAGEMENT CENTER INC.
発行者―――――張　士洛
発行所―――――日本能率協会マネジメントセンター
〒103-6009　東京都中央区日本橋2-7-1 東京日本橋タワー
TEL：03-6362-4339（編集）／03-6362-4558（販売）
FAX：03-3272-8127（販売・編集）
https://www.jmam.co.jp/

装丁―――――山之口正和＋齋藤友貴（OKIKATA）
編集協力―――木村伸司、細谷健次朗、工藤羽華
　　　　　　　（株式会社 G.B.）
執筆協力―――玉木成子、上野卓彦、野村郁朋、海老原一哉、
　　　　　　　上田美里、三ツ森陽和
本文デザイン―深澤祐樹（Q.design）
DTP―――――G.B.Design House
印刷所―――――シナノ書籍印刷株式会社
製本所―――――東京美術紙工協業組合

ISBN 978-4-8005-9112-8　C2034
落丁・乱丁はおとりかえします。
PRINTED IN JAPAN